本书得到了教育部人文社科基金青年项目的资助

情感与趣味

休谟经验主义美学思想研究

诗学与美学研究丛书

陈昊 著

北京大学出版社
PEKING UNIVERSITY PRESS

图书在版编目(CIP)数据

情感与趣味：休谟经验主义美学思想研究/陈昊著.—北京：北京大学出版社，2017.5
（诗学与美学研究丛书）
ISBN 978-7-301-28055-3

Ⅰ.①情… Ⅱ.①陈… Ⅲ.①休谟（Hume, David 1711-1776）–经验主义–美学思想–研究 Ⅳ.①B561.291 ②B83-069

中国版本图书馆 CIP 数据核字（2017）第 024408 号

书　　　名	情感与趣味：休谟经验主义美学思想研究 QINGGAN YU QUWEI: XIUMO JINGYAN ZHUYI MEIXUE SIXIANG YANJIU
著作责任者	陈昊　著
责任编辑	张文礼
标准书号	ISBN 978-7-301-28055-3
出版发行	北京大学出版社
地　　　址	北京市海淀区成府路 205 号　100871
网　　　址	http://www.pup.cn　新浪微博：@北京大学出版社
电子信箱	pkuwsz@126.com
电　　　话	邮购部 62752015　发行部 62750672　编辑部 62767315
印　刷　者	北京大学印刷厂
经　销　者	新华书店
	965 毫米×1300 毫米　16 开本　13.5 印张　187 千字 2017 年 5 月第 1 版　2017 年 5 月第 1 次印刷
定　　　价	35.00 元

未经许可，不得以任何方式复制或抄袭本书之部分或全部内容。
版权所有，侵权必究
举报电话：010-62752024　电子信箱：fd@pup.pku.edu.cn
图书如有印装质量问题，请与出版部联系，电话：010-62756370

"诗学与美学研究丛书"总序

在西方，从学科发展史上讲，先有探讨文艺理论与批评鉴赏的诗学（poetics），后有研究感性知识与审美规律的美学（aesthetics）。前者以亚里士多德的《诗学》为代表，后者以鲍姆嘉通的《美学》为标志，随之以康德的《判断力批判》、黑格尔的《美学讲演录》和谢林的《艺术哲学》为津梁，由此发展至今，高头讲章的论作不少，称得上立一家之言的经典不多，能入其列者兴许包括尼采的《悲剧的诞生》、丹纳的《艺术哲学》、杜威的《艺术即经验》、克罗齐的《美学纲要》、柯林伍德的《艺术原理》、苏珊·朗格的《情感与形式》、阿恩海姆的《艺术与视知觉》、卢卡奇的《审美特性》、阿多诺的《美学理论》等。

在中国，传统上诗乐舞三位一体，琴棋书画无诗不通，所谓"诗话""词话""乐论""文赋""书道"与"画品"之类文艺学说，就其名称和内容而言，大抵上与西洋科目"诗学"名殊而意近，这方面的代表作有儒典《乐记》、荀子的《乐论》、嵇康的《声无哀乐论》、陆机的《文赋》、刘勰的《文心雕龙》、严羽的《沧浪诗话》、刘熙载的《艺概》等。至于"美学"这一舶来品，在20世纪初传入华土，因其早期引介缺乏西方哲学根基和理论系统，虽国内涉猎"美学"者众，但著述立论者寡，就连王国维这位积极钻研西学、引领一代风气者,其为作跨越中西,钩深致远,削繁化简,但却取名为《人间词话》,行文风格依然流于传统。这一遗风流韵绵延不断,甚至影响到朱光潜对其代表作《诗论》的冠名。迄今,中国的美学研究者众,出版物多,较有影响的有朱光潜的《文艺心理学》与《西方美学史》、宗白华的《美学散步》、邓以蛰的《画理探微》等。至于中国意义上的美学或中国美学研究,近数十年来成果渐丰,但重复劳动不少,食古不化风盛,在理论根基与创化立新方面,能成一家之说者屈指可数。相比之下,理论价值较为突出的论著有徐复观的《中国艺术精神》与李泽厚的《美学三书》等,其余诸多新作高论,还有待时日检验,相信会在不久的将来"青出于蓝,而胜于蓝"。

面对国内上述学术现状,既没有必要急于求成,也没有必要制造某种民族性或政治化压力进行鼓噪,更没有必要利用现代媒体进行朝慕"新说"、夕伐"假论"之类的戏剧性炒作,因为那样只能产生焰火似的瞬间效应,非但无助于学术研究的推进,反倒招致自欺欺人、自我戏弄的恶果。我们以为,"非静无以成学"。这里所言的"学",是探究经典之学问,是会通古今之研究,是转换创化之过程,故此要求以学养思,以思促学,学思并重,尽可能推陈出新。不消说,这一切最终都要通过书写来呈现。那么,现如今书写的空间到底有多大?会涉及哪些相关要素呢?

我们知道,传统儒家对待治学的态度,总是将其与尊圣宗经弘道联系在一起,故有影响弥久的"述而不作"之说。但从儒家思想的传承与流变形态来看,所谓"述"也是"作",即在阐述解释经典过程中,经常会审时度势地加入新的看法,添入新的思想,以此将"阐旧邦以辅新命"的任务落在实处。相比之下,现代学者没有旧式传统的约束,也没有清规戒律的羁绊,他们对于经典的态度是自由而独立的,甚至为了达到推翻旧说以立新论的目的而孜孜以求,尝试着引领风气之先,成就一家之言。有鉴于此,为学而习经典,"述"固然必要,但不是"述而不作",而是"述而有作",即在"述"与"作"的交叉过程中,将原本模糊的东西昭示为澄明的东西,将容易忽略的东西凸显为应受重视的东西，将论证不足的东西补充为论证完满的东西……总之，这些方面的需要与可能，构成了"述而有作"的书写空间。如今大多数的论作，也都是在此书写空间中展开的。列入本丛书的著译，大体上也是如此。

需要说明的是，"述而有作"是有一定条件的，这需要重视学理（academic etiquettes），重视文本含义（textual meaning），重视语境意义（contextual significance），重视再次反思（second reflection），重视创造性转化（creative transformation）。

对于学理问题，我曾在一次与会发言中讲过：从"雅典学园"（Akadeimeia）衍生的"学者"（academic）一词，本身包含诸多意思，譬如"学术的、纯学理的、纯理论的、学究式的"等等。从学术研究和学者身份的角度来看，讲求学理（以科学原理、法则、规范和方法为主要内容的学理），既是工作需要，也是伦理要求。就国内学界的现状看，以思想（而非一般的思想性）促研究，是有相当难度的，因为这需要具备相当特殊的条件。"言之无文，行而不远"。近百年来，国内提得起来又放得下去的有根基的思想（理论学说）不多，真正的思想家为数寥寥。因此，对大部分学者而言，以学理促研究，在相对意义上是切实可行的。学术研究是一个逐步积累和推进的过程，国内的西方学术研究更是如此。经常鼓噪的"创新"、"突破"或"打通"等等，如若将其相关成果翻译成便于甄别和鉴定的英文或法文，就比较容易看出其中到底有多少成色或真货。鉴于此况，倡导以学理促研究，是有一定必要性和针对性的。这其中至少涉及三个主要向度：(1)学理的规范性和科学性（借着用）；(2)理解与阐释的准确性（照着讲）；(3)假设与立论的可能性和探索性（接着讲）。在此基础上，才有可能把研究做到实处，才有可能实现"创造性转化"或"转换性创构"（transformational creation）。

对于经典研读，我也曾在一次与会发言中讲过这样一段感言："现代学者之于古今经典，须入乎文本，故能解之；须出乎历史，故能论之；须关乎现实,故能用之。凡循序渐进者,涵泳其间者,方得妙悟真识,终能钩深致远,有所成就。"

所谓"入乎文本,故能解之",就是要弄清文本的含义,要保证理解的准确性。这是关键的一步,是深入研究和阐发的基点。这一步如果走得匆忙,就有可能踏空,后来的一切努力势必会将错就错,到头来造成南辕北辙式的耗费。而要走好这一步,不仅需要严格的学术训练,也需要良好的语文修养,即古今文字与外语能力。要知道,在中外文本流通中,因语文能力不济所造成的误译与误用,自然会殃及论证过程与最后结论,其杀伤力无疑是从事学术研究和准确把握含义的大敌。

所谓"出乎历史,故能论之",其前提是"入乎历史",也就是进入到历史文化的时空背景中,拓宽思维的广度与深度,参阅同时代以及不同时代的注释评说,继而在"出乎历史"之际,于整体把握或领会的基础上,就相关问题与论证进行分析归纳、论述评判。这里通常会涉及"视域的融合""文本的互动"与"语境的意义"等时下流行的解释学概念。当然,有些解释学概念不只限于文本解读与读者接受的技术性方法,而是关乎人之为人的存在形式与历史意识间的本体论关系。因此,我们在解释和论述他者及其理论观点时,自己会有意无意地参与到自我存在的生成过程里面。此时的"自我",经常会进入"吾丧我"的存在状态,因为其感受与运思,会涉及他者乃至他者的他者,即从两人的对话与体验中外延到多人的对话与体验中。在理想条件下,这一过程所产生与所期待的可能效应,使人油然联想起柏拉图标举诗性智慧的"磁石喻"。

所谓"关乎现实,故能用之",具有两层意思。其一是在关注现实需要与问题的基础上,将相关思想中的合理因素加以适宜的变通或应用,以期取得经世致用或解决现实问题的可能效果。其二是在系统研究的基础上,通过再次反思,力求返本开新,实现创造性转化或转换性创构,以便取得新的理论成果,建构新的理论系统。譬如,牟宗三以比较的视野,研究宋明理学与康德哲学,成就了牟宗三自己的思想系统。海德格尔基于个人的哲学立场,研究尼采的哲学与荷尔德林的诗歌,丰富了海德格尔本人的理论学说。后期的思想家,总是担负着承上启下的使命,他们运用因革之道,吸收不同养料,究天人之际,通古今之变,成一家之言。这一切都是在"入乎文本""出乎历史"和"关乎现实"的探索过程中,循序渐进,钩深致远,最终取得的成就。

在此诚望参与和支持本丛书的学者,均以严谨的学理和创化的精神,将自己的研究成果呈现给广大读者诸君,以此抛砖引玉,促进批评对话,推动诗学与美学的发展。

借此机会,谨向出版资助单位北京第二外国语学院跨文化研究院诚表谢忱!

以上碎语,忝列为序。

王柯平

千禧十一年秋于京东杨榆斋

目　录

绪　论 / 001

第一章　"趣味"的发源
——休谟美学的时代背景与思想渊源 / 019

第一节　启蒙的时代 / 020

第二节　夏夫兹伯里 / 033

第三节　贝克莱 / 049

第四节　哈奇生 / 055

第二章　"情感"（sentiment）的美学意义 / 063

第一节　情感与经验 / 065

第二节　同情感 / 074

第三节　美的分析 / 089

第四节　小结 / 113

第三章　趣味和标准的探讨 / 119

第一节　趣味的辨析 / 119

第二节　通则与标准 / 133

第三节　《论趣味的标准》/ 143

第四章　休谟的艺术杂论及其美学影响 / 163
　　第一节　休谟的艺术杂论 / 163
　　第二节　休谟美学的影响 / 178
结　语 / 193

主要参考文献 / 197
后　记 / 205

绪　论

一、研究动机

审美心理与文艺批评问题，一直是大卫·休谟（David Hume，1711—1776）著作中重要的主题之一，他在《人性论》中提及四门有关"人性"的研究，批评学赫然在列：

> 逻辑的唯一目的在于说明人类推理能力的原理和作用，以及人类观念的性质；道德学和批评学研究人类的鉴别力和情感；政治学研究结合在社会里并且互相依存的人类。在逻辑、道德学、批评学和政治学这四门科学中，几乎包括尽了一切需要我们研究的种种重要事情，或者说一切可以促进或装饰人类心灵的种种重要事情。①

从上引的《人性论》段落中，我们可以看出休谟将美学视作一门有助于"促进或装饰人类心灵"的科学，其研究对象是人类的鉴别力和情感，这样的学科分界体现了休谟对于人性的独特考量。情感与理

---

① 〔英〕休谟：《人性论》上册，关文运译，商务印书馆1980年版，第7页。

性并重,既体现了当时学界的经验主义思潮,又折射出当时欧洲商业与民主勃兴的社会变革。"感性学"即现代意义上的"美学",在这样的思想与社会背景下应运而生。

休谟是英国17—18世纪经验主义哲学的集大成者。在英国经验派哲学家中,他最笃好文艺,因此对文艺和美学问题颇有见解。休谟认为"人性"应包括"理智"(understanding)和"情感"(sentiment)这两个主要部分,而美学问题则多涉乎"情感"。"Sentiment"在英国经验主义哲学中是极为关键的概念,其译名更为数不少,包括"情操""感受""感觉""情感"等等。所谓"名不正则言不顺",对其译名的选择,直接影响着笔者的研究理路与方向,因此不能不慎之又慎,严复先生的名言"一名之立,旬月踯躅",真是深得译事甘苦。而笔者经过推敲思索,选定"sentiment"译名之过程,正好可以借此破题。

在17—18世纪英国哲学诸家中,休谟的好友亚当·斯密(Adam Smith)将"sentiment"一词直接纳入了自己的书名,这就是著名的《道德情操论》(*The Theory of Moral Sentiments*)①。后来塞缪尔·约翰逊(Samuel Johnson)博士在他的词典中将"Sentiment"定义为"感觉迅速""认知迅速"和"敏感",在实际运用中常以该词意指某种与理智相对的心理活动,或某种温柔、轻度的伤感之情。商务印书馆汉译名著版《道德情操论》将这个词译作"情操"实际上亦无不可,但在休谟的语境中,"sentiment"这个词首先指的是源自强烈的感官体验和苦乐之感的次生印象(secondary impression)或反省印象(impression of reflection),因此直接影响着个人对事物以及自身的认识。在汉语中,"情操"多少具有某种价值判断上的倾向性,多用来指高尚的道德,或是某种美德。但是,如果对休谟以及斯密的原著略有了解,就会发现他们的哲学理论本质上并不是探讨美德问题,情感理论的核心是"同

---

① 〔英〕斯密:《道德情操论》,蒋自强等译,商务印书馆1997年版。

情"(sympathy),是探讨人们在相同的心理结构下彼此的一种换位思考的心理活动和机制。换言之,休谟试图通过这个切入口来分析人们接受并建立道德原则以及知识体系的认知过程,同时剖析人格同一性的构造,以及人类为社会秩序和道德规范所联接的心理基础。所以我认为,"sentiment"翻译为"情感"更为合适。

从英国经验主义哲学的理路发展出发,"情感"问题无论在任何研究者看来,都是主要的观照点。从17世纪的霍布斯、洛克开始,到休谟和贝克莱,下至后来的苏格兰学派,"情感"在他们的理论中内涵各异,却又一脉相承。尤其是洛克之后,经验主义哲学沿着自身理路发展,随之暴露出其理论中的矛盾,特别是个人经验是一切知识的来源这一经验论原则,与知识的普遍性以及传达性之间的矛盾,这一矛盾经过洛克系统化的论述后越发明晰。休谟意识到并力图解决这一矛盾,这样便使"情感"在他的经验主义理论中由原先洛克的被动心理感受,转而成为主导感知和实践过程的心理积淀;同时,休谟认为,人皆具有共通的心理结构,而"情感"恰是沟通人心的重要渠道,无论是道德原则还是知识观念,最终需要借助"情感"才能传诸人心。

休谟借助对"情感"的论述,将其论题延伸到了"同情"的观念。在休谟看来,同情是指一个人对另外一个人的情感、动机、行为的内心反应能力,是一种情感上的换位思考能力。因此同情与利己并无矛盾之处,都是心灵的某种禀赋。休谟由此出发,引出了"趣味"(taste)的概念,"趣味"源自于味觉,休谟将其引申为涉及艺术和美的经验和鉴赏。他指出,"趣味"的职分在于"产生关于美和丑、德性和恶行的情感……趣味具有一种创造性的能力,当它用借自内在情感的色彩装点或涂抹一切自然对象时,在某种意义上就产生一种新的创造物"①。从这一角度来说,趣味不仅是个人的被动感受,更涉及个人的想象、记忆,甚至可以说是个体人格的体现。同时,"趣味"的养成也意味着接受社会规范和传统习俗的心理积淀过程。因此,"情感"与"趣味"不但是解读休谟哲学思想的钥匙,同时也是串联整个英国经验主义哲学思潮的重要线索。

此外,休谟继承了英国经验派的传统理路,他的思想中明显带有洛克、夏夫兹伯里与哈奇生等人的印记。休谟在自己的著作中,对前人的见解多有回应或是阐发,因此将其美学思想与之前的几位美学家进行联系和比较,这对于理解休谟的美学乃至整个哲学思想,以及对于经验主义美学的研究,都有不可或缺的参考价值。

休谟哲学对整个美学领域的贡献,更多是方法和视角上的;休谟的经验主义思路,对个人情感和体验的重视,都与美学的特性不谋而合。在哲学方面,休谟直接动摇了理性的基础——逻辑思维和因果关系,由此为情感划分出了独立的领地。在休谟的思辨推演下,理性成了印象的产物,甚至在认识的领域,也要借重想象和趣味的力量。休谟的哲学思想,确定了美学领域中个人情感与趣味的地位。本书试图突破以往的研究范式,不再把休谟所论的"情感"局限在个人被动接受的外在印象以及片面的内省观念之中,而是扩展到激情、趣味、想象以及社会规范等方面,以期揭示休谟思想中诸多概念的复杂层次,并以此为线索,结合休谟的散文著作以及道德学说的例证,彰显休谟如何根据"趣味"与"情感"来阐释经验与理智、自由与规范,以及个人与社会之间的关系。

休谟后期论艺术的一些短篇散文以及他的历史著作中的一些片

---

① 〔英〕休谟:《论道德原理 论人类理智》,周晓亮译,译林出版社2001年版,第146页。

段,同样是其美学思想的重要组成部分,这些著作植根于休谟的经验主义思想,并且体现了他对于历史与文化的深刻思考,将它们作为一个整体来研究是有一定意义的。但这并不意味着以内容来割裂休谟的思想,本书力求以休谟的哲学思考为线索,串联休谟对具体艺术问题的论述。

二、本书架构

休谟一生以研究人性、启蒙世人为己任,他将人性研究分为两种不同方式:一种是用生动丰富的描写来证明优雅的感受、正义的道德和伟大的灵魂,以此来达到对人的思想和行为的劝导和规范的目的;另一种是用思辨和推理来发现对人性起决定作用的根本原则。在阅读休谟的过程中,笔者发现以上两种追求都很好地体现在休谟的美学思想中,并且融为一体,密不可分。

要在休谟的哲学著作中寻找直接探讨美学的段落,也许比较困难或零碎,因为他更多讨论的是与美学相关的认识论、心理学与伦理学方面的问题。不过,休谟对美学的贡献是巨大的,这种贡献在于转变了美学的方法和视角,在于"改造了整个美学论战的战场"(卡西尔语)[①]。17世纪以来,美学关注的目标不再是艺术的类型问题,而慢慢转向了艺术的体验,以及观众根据自己的体验去对自己和他人做出判断的问题。休谟的哲学大胆质疑了传统的理性主义,他主张感觉的一元论,认为一切观念都可以还原到最简单的感觉印象,而美学"究其本质而言,正是一种纯粹的人类感觉,不可能有逻辑或是形而上的解决方法",这正是休谟贯穿《人性论》的思路,一切推理和体系归根结

---

① 〔德〕卡西尔:《启蒙哲学》,顾伟铭等译,山东人民出版社1997年版,第299页。

底都是建立在人类最直接的感知上。概言之,休谟的哲学思想,确定了美学领域中"情感"与"趣味"的地位。本书也将从这两个概念入手,对休谟的美学思想进行阐述。

要理解休谟美学中的不少概念及其运用,就有必要对18世纪前半叶的美学思想进行梳理。这个时期的美学家们将"情感"和"趣味"作为他们美学理论的基石,他们的理论对休谟产生了很大的影响。因此,本书开端会回顾几位英国思想家,包括夏夫兹伯里和哈奇生等人。夏夫兹伯里对休谟的影响比较显而易见的是他的"美善合一"理论,但实际上更值得我们注意的是夏夫兹伯里身上的新柏拉图主义思想倾向,他因此能够将"美"理解为一种高于现实的形式,而趣味的任务就在于发现真正的德性和美。这样,趣味开始脱离简单的感官感受,而逐渐成为人所具有的一种重要判断。哈奇生则将趣味视作人的"内在感官",休谟修正了哈奇生"内在感官"理论中缺乏外在规范以及偏重直觉感受的缺陷,形成了自己独特的美学思想。

休谟并不是一个极端的怀疑论者,他的怀疑只是一种摆脱各种偏见,保持判断公正的工具。在认识领域,他的怀疑论可以削弱因果和逻辑关系,但是在美学领域,休谟的温和怀疑论却为美学增添了力量。审美判断与事物自身无关,只关乎对象在我们身上激发的感受和知觉,这是对象和我们每个人之间独一无二的联系,这些联系有可能不尽相同,但都是真实的,因为我们的感受证明了这一点。从这个角度来说,审美判断能够弥补传统认识论中的不足,因为它旨在评判自身的状态,而从自身出发去评判与外物之间的联系。理性可能犯错,但情感不会,因为情感表现的是对象和我们头脑以及感官能力之间的应和。本书第二章将重点论述"情感"在休谟哲学中的意义所在,以及在审美方面的重要作用,并以此为线索,来阐释休谟"想象""信念"等概念的美学意味。休谟的经验主义思想使其认为,美与道德实际上都是人类心灵的感受,区别只在感受的强弱。本章还将从这个问题切入，借此引出休谟对个人的性格特质、教育与文化、社会与历史习俗等一系列影响感受的问题的论述，以此将休谟的哲学之"道"与哲学之"用"联系起来。

休谟的杰出之处还在于他能发现理论与实践之间的区别。休谟从侧重个人情感的理路出发，发现形形色色的趣味很难建立一致性，但是在实际经验中，人们仍然具有一种平均的标准。而根据休谟"同样原因永远产生同样结果"[①]的习惯理论，审美领域更容易建立起判断异同的标准，因为人们可以诉诸自己的情感去检验文化艺术，人类的天性中也有寻找榜样与融入社会的倾向，以此来从不同的经验中规范和塑造自己的情感。休谟在原先的经验主义思路上阐发了自己对艺术的移情作用、经验与想象，文化与习俗等一系列哲学问题的思考。本书的第三、四章将主要集中在对休谟这部分思想的阐发和论述。

三、国内外研究现状概述

近年来，国内外不少学者尝试对之前关于休谟美学的研究内容乃至方法进行变革。20世纪50年代开始，由于几位国外著名学者的倡导，对于休谟美学思想的解读和研究逐渐趋向多样化。笔者试图在介绍近年来国外休谟美学研究成果的同时，根据其针对的问题，对各家之言进行一个大致的分类，看看国外优秀学者们的关注和思考集中在哪些论题上，并对其研究的角度和方法作一归纳，以便借鉴。

（一）国外研究

国外学界对休谟美学的研究起步很早，同时体现出了很强的问题意识，力图将休谟的美学从经验主义哲学的标签之下解放出来。比较

---

① 〔英〕休谟：《人性论》，关文运译，商务印书馆1980年版，第199页。

具有代表性的是鲍桑葵（Bernard Basanquet）在《美学史》中的意见，他认为休谟对于美的见解虽然只限于《人性论》中的一些片断，但不无价值。休谟认为美植根于效用（utility），鲍桑葵指出，这里的"效用"并不是指观赏者一定会产生自利的兴趣，而是指对于艺术作品而论，并非实际的切身利害，因此这里的"利害"（interest）实际上存在于我们彼此有所共鸣的观念与想象中。鲍桑葵认为休谟实际上区分了审美快感与实际利害，是康德"没有目的观念的合目的性"以及审美"无利害性"的前身。克罗齐（Benedetto Croce）在《美学或艺术和语言哲学》中重申了鲍桑葵的这一观点。

乔治·迪基（George Dickie）将18世纪的美学理论分为审美鉴赏和审美态度两大类，两者的区别主要是主客体的关系界定。审美鉴赏的理论意味着，一种特殊的对象能在主体身上激发起一种反应，而对于审美态度而言，某种知觉或是某种意识才构成理解和评价审美特征的必要条件。迪基认为休谟调和了这两派美学思想，一方面休谟承认"事物确有某些美的属性"，但没有对这些属性进行详细说明，另一方面休谟声称审美的能力来自于感觉，而这种能力的精神产物是"特殊的感觉"。[①]

上述几位学者主要是从休谟《人性论》着手，从哲学认识论、价值论以及主体论的角度去分析休谟美学。20世纪50年代以来，更多的学者将研究的重点集中在休谟《论趣味的标准》（"Of the Standard of Taste"）这篇短文上。目前，对休谟美学思想的研究已经涉及各个方面和多种角度，既有对关键概念的阐释、主要著作的论述，也有哲学史上的横纵向比较，以及对其美学思想进行系统化建构的尝试。从研究内容及方向看，根据笔者所搜集的文献资料，近年来国外休谟美学研究大致可分为以下几个论题：

[①]《美学译文》第2辑，中国社会科学出版社1980年版，第3页。

1. 核心论题——趣味的标准

休谟的《论趣味的标准》一文一直是西方研究者关注的焦点，克里斯托弗·威廉斯（Christopher Williams）在《休谟美学思想中的若干问题》中将《论趣味的标准》提炼为休谟回答自己提出的两个问题：一、纠正人们形形色色的趣味是否可能？二、艺术是否有高下之分，是否有一种标准来区分艺术的优劣？威廉斯指出，在休谟的这两个问题之间存在着一种张力，休谟回答其中一个问题的答案有可能与他的另一个问题相矛盾。威廉斯由此将休谟笔下的"平等的趣味"解释为一种人皆有之的禀赋和能力，因此休谟提出"所以很自然我们要寻找一种趣味的标准，它可以成为协调人们不同情感的一种规则，至少它能够提供一种判别的标准，使我们能够肯定一种情感，指责另一种情感"。这种"趣味标准"就是使我们能够学习和摹仿，以此发展和调节我们自身审美能力的规范。①

保罗·盖耶（Paul Guyer）提出了一个很尖锐的问题：趣味标准这种观念并不能驱使我们去有所实践，比如去接受艺术训练和教育，观念和行动之间毕竟隔了一层。他认为，要想驱使人们迈向行动，趣味标准就不能仅仅是某种观念，它本身就必须是人们内心深处强烈的快感。盖耶更进一步说明，这种快感是我们只有身处社会之中才能加以感受，是一种带有社会性的快感，那么这种社会性快感就应该属于大众共同的趣味（a common taste）。②

吉尔伯特和库恩在《美学史》中较早论述了休谟的美学与社会文化之间的关联。他们将休谟的美学宣言视为启蒙哲学时期追求规范

---

① Christopher Williams, "Some Questions in Hume's Aesthetics,"*Philosophy Compass 45*, 2（2007）: 78-90.

② Paul Guyer, "The Standard of Taste and the'Most Ardent Desire of Society', "in Paul Guyer（ed.）, *Values of Beauty*, Cambridge: Cambridge University Press, 2005, pp.37-76.

的典型,指出休谟笔下的"趣味标准"有助于为社会提供一种"内聚力"(cohesion),同时通过对比当时英国与法国的文化,点明休谟崇尚情感在审美中的作用,实际上是当时英国社会中产阶级地位逐渐上升的体现。休谟重视艺术之处,不在情感的抒发,而在于激发人们人同此心的认同感,这也是休谟和斯密笔下"同情"(sympathy)的效用所在。

理查德·舒斯特曼(Richard Shusterman)指出,休谟借助"趣味标准"来褒贬艺术家,实际上这是一种"中产阶级"的阴谋,是中产阶级借以巩固自身社会地位的手段。[①]伊格尔顿在《美学意识形态》中则认为,随着美学的不断发展,个人情感体验越来越为人重视,而传统的规范则逐渐式微,因此休谟用"趣味标准"来纠正时弊,强调人们传统和风俗在人类心灵中不可变革的地位,以此来维持社会秩序的稳定,"休谟剔除了哈奇生'内在感官'中的天定倾向,而代之以更多实际的社会功利观念"[②]。

2. 规范(rules)的作用

休谟强调艺术的规范必须"经历许多不同时代和国家考验",而批评家只有熟习艺术规范,才能称得上"理想批评家"(true judges)。休谟为何如此看重规范的作用,规范又对"理想批评家"产生什么样的影响?玛丽·马泽希尔(Mary Mothersill)提出了上述这两个问题,她认为,实际上传统的规范(rules)就构成了休谟所说的趣味标准,而詹姆斯·谢利(James Shelly)在马泽希尔的基础上补充道:休谟的趣味标准有其双重性,传统中的艺术规范是某种观念上

[①] Richard Shusterman, "Of the Scandal of Taste: Social Privilege as Nature in the Aesthetic Theories of Hume and Kant," *Philosophical Forum 20*, 3 (1989): 211-229.

[②] 〔英〕伊格尔顿:《美学意识形态》,王杰等译,广西师范大学出版社1997年版,第216页。

的理想,而批评家的判断是人们见贤思齐,于现实生活中的模仿对象,两者于观念和实践两方面共同组成了趣味标准。马泽希尔强调,规范既代表着社会稳定的常态(regularity),又是人心符合中道的象征,批评家一方面要具有渊博的知识,另一方面要有平和的心态,不食古不化,不哗众取宠,同时遵循社会传统的规范,这才是他做出良好评判的基础①,而谢利的《休谟对于趣味的双重标准》一文则对休谟"趣味标准"中的矛盾之处提出了自己的质疑,他认为休谟理论中矛盾之处正体现了休谟对人性的洞见:人们总是倾向去相信"规范""传统"以及"专家",这是休谟根据自己的人性哲学所作出的必然推论。②

尼克·赞威尔(Nick Zangwill)指出,规范是人们对某种事物的理性认识,而趣味则是人们对事物的切身感受,根据休谟的看法,理性认识让人们知道从何因导向何果,因而规范的作用不是使人们感受到快感,而是指引他们去获得快感。皮特·雷尔顿(Peter Railton)同样认为,是规范将审美的对象与审美体验联系在一起,让我们明白从此因可以获得彼果。③

克里斯托弗·威廉斯(Christopher Williams)反驳了以上两人的意见,他认为休谟将人心中的规范更多视作一种偶然形成的因果联系,是因为日积月累、约定俗成而产生了对人心的约束和驱动力量。因此威廉斯认为规范不仅仅是一种关于区分趣味好坏的观念,休谟借助规范更多是借重人们的习惯心理,以此来平息不同趣味之

---

① Mary Mothersill, "Hume:'Of the Standard of Taste'," in Mary Mothersill (ed.), *Beauty Restored*, Oxford: Clarendon Press, 1984, pp.177-208.

② James Shelley, "Hume's Double Standard of Taste," *Journal of Aesthetics and Art Criticism 23*, 4(1994): 437-445.

③ Nick Zangwill, "Hume, Taste, and Teleology," in Nick Zangwill (ed.) *The Metaphysics of Beauty*. NY: Cornell UP, 2001, pp.149-165.

间的争端。①

3. 循环的标准

彼得·基维(Peter Kivy)从休谟的文中提炼出了一个关于趣味标准的循环论证:(1)好的艺术品是经过好的批评家认可的作品;(2)好批评家应该具备细致的鉴赏力,这种鉴赏力是在不断欣赏好艺术品的过程中得来的;(3)具备这种能力的批评家才能辨别出好的艺术品。基维提出,休谟究竟是将"理想的批评家"作为基础来推导出好的艺术品,还是以好的艺术品为基础推导出"理想的批评家",这两者究竟谁为前提,谁为结论?②

基维认为,休谟实际上已经在文中给出了这个问题的解答。休谟提到,理想批评家应该具备五个方面的能力:(1)细致的感受能力;(2)广泛欣赏评论艺术品;(3)开拓比较的视野;(4)不沦为偏见的奴隶;(5)具备健全的理智。基维据此回答自己提出的问题,他指出休谟笔下的"理想批评家"并不是坐拥珍藏的富家子,他们需要在良莠不齐的艺术品中反复进行甄别,同时具备艺术的实践能力,"操千曲而后晓声,观千剑而后识器",并且有健全的理智去破除权威与世俗偏见,这样才成其为"理想批评家"。

大卫·维金斯(David Wiggins)指出,无论审美判断还是价值抉择都不可避免地属于个人主观的认定,但主观的认定却不能赋予它任何客观的价值,因此无论那些批评家具有什么样的主观条件,最终支撑其地位的应该是一种普遍人性的"幻觉"。维金斯最终得出一个颇为现实的答案:我们之所以需要"批评家",在于他们能够给艺术品贴上一些易为大众所能识别和欣赏的"标签",因此批评家们达成一致

---

① Christopher Williams, "Some Questions in Hume's Aesthetics," *Philosophy Compass 45*, 2(2007): 67-82.

② Peter Kivy, *The Blackwell Guide to Aesthetic*, Oxford: Blackwell Publishers, 2004, p.66.

的评判塑造了大众的趣味。①

4. 评判（verdict）的力量

休谟美学中蕴含着另一个深刻问题：审美判断的价值是否取决于理想批评家们一致的评判？近年来，很多学者将目光投向了这一问题，特德·科恩（Ted Cohen）就是其中的代表。科恩提出两个问题：我们为何需要许多批评家一致的评判？为什么我们自己不能成为批评家？科恩认为我们之所以需要批评家，是因为我们如果不通过一种外在的镜像，就无法将自己完全转变到一个旁观者的角度上去反思和审视自身，而休谟的"理想批评家"恰好代表了这样一种自我投射的镜像。另外科恩认为成为"理想批评家"对于普通人来说实在太过困难，带有一层可望而不可即的理想化色彩，因而我们需要不同批评家的意见，众声喧哗之下以此来冲淡其理想化的色彩，而构成一个更接近我们的形象。②

马尔康姆·巴德（Malcolm Budd）的问题稍有不同：为什么理想的批评家就能达成一致？巴德认为，休谟的"理想批评家"之所以能够达成一致的评判，是因为休谟相信理想批评家的判断和感受都大体一致的，如果没有这种信念，那么普通人就不得不在千差万别、泥沙俱下的意见间自己做出选择，最终莫衷一是，由此人人皆能成为"批评家"，这样就摧毁了评判的权威性和精确性。批评家之间可以有争论，但是争论的范畴必须是相同的，从这个角度来看，"批评家"能达成一致的评判意味着社会多数派和少数派意见的协调。③

---

① David Wiggins, "A Sensible Subjectivism," in David Wiggins (ed.) *Needs, Values, Truth*, Oxford: Clarendon Press, 1998, pp.185-214.

② Ted Cohen, "The Philosophy of Taste: Thoughts on the Idea," in Peter Kivy (ed.) *Blackwell Guide to Aesthetics*, Oxford: Blackwell, 2004, pp.167-173.

③ Jerrold Levinson, "Hume's Standard of Taste: The Real Problem," *Journal of Aesthetics and Art Criticism 16*, 4 (2002): 227-238.

杰罗尔·列维森(Jerrold Levinson)提出了对批评家意见的质疑：批评家的意见何涉于普通人，对普通人的趣味又究竟有何约束？"在道德问题上，一个人可以说：对X是一件要做的正当事情的领会，会伴随着他想亲自实施X的愿望。但是在趣味问题上，在对'精细'趣味的认可与渴望拥有精细的趣味之间就有差距。"[1]列维森最终的结论不无悲观，他认为要想让普通人放弃他们原先的趣味难于登天，批评家能做的只是告诉他们还有更好的享受。

盖耶对此种有些犬儒主义的论调持反对意见，他指出，休谟的理论蕴含了一个观点，即我们个人的感受只关乎自己，但是如果要把一个民族和社会的集体审美感受延续下去，这就非批评家不可。这里的"批评家"并不是某种抽象的理念，而是实实在在的人。批评家的意见不仅仅在培养人们健全的审美能力，更是一种对普通人的持续同化，休谟看到普通人都具有融入社会的天性，这就使得他们会自发去寻找自己觉得有价值的人，咨询他们的意见，以此来构建并融入社会。[2]

休谟的美学思想与其哲学紧密相连，国外有些论者借论述休谟的美学思想来重新梳理经验主义的思想源流，代表作如达布尼·汤森德(Dabney Townsend)的《休谟的美学理论》(Hume's Aesthetic Theory)。这部著作阐述了夏夫兹伯里、哈奇生以及休谟等哲学家的思想传承，并且从"趣味"以及"情感"等关键概念入手，提炼出了经验主义美学发展的线索，对休谟美学研究是一个重要的补充。

（二）国内研究

朱光潜先生在其《西方美学史》中曾经用相当大的篇幅论述休谟

---

[1] 〔美〕彼得·基维主编：《美学指南》，彭锋等译，南京大学出版社2008年版，第145页。

[2] Paul Guyer, "Values of Beauty," Cambridge: Cambridge University Press, 2005, pp.37–76.

的美学思想,主要集中在两个问题上,一是休谟对美的本质的认识,二是休谟提出的趣味标准的阐释。朱光潜先生的研究观点明确、脉络清晰、材料翔实,对后来的研究者影响很大。之后几部重要的美学史著作,如汝信主编的《西方美学史》、朱立元主编的《西方美学思想史》等,虽然增添了一些新的材料,但对休谟美学思想的理解和阐释上,仍然没有超出朱光潜先生的思路和格局。

国内近年来对休谟的思想(包括哲学、宗教)愈发重视,相对比较突出的论文有阎吉达的《休谟的美学思想及其历史地位》以及彭立勋的《论休谟的美学思想》,但是仍然对休谟趣味美学的介绍太过宽泛,不够深入。在范玉吉的博士论文《审美趣味的变迁》,以及吕宏波《18世纪英国经验派美学与审美无利害的起源》中都有专章对休谟的趣味美学进行探讨。范玉吉将"趣味"概念提取出来,以此串联夏夫兹伯里、哈奇生以及休谟等人的思想。吕宏波则将英国经验主义美学与近代的审美"无利害性"(disinterestedness)概念相联系,他拓展了鲍桑葵在《美学史》中的观点,认为休谟以趣味和想象作为美的根据,因此开了审美与利害无关的先声。

综上所述,国内学界对于这一领域的新近研究,在"主客观"以及审美心理学的研究层面作出了有益的探索,而对经验主义美学的源流梳理以及18世纪英国的政治文化与美学的互动影响则有待进一步深入发掘。

四、结语

近年来,国外关于休谟美学的研究和论争不少,在理论方面颇有建树,我认为其中的创新之处主要有以下几点:

(1)鲍桑葵与克罗齐等美学大家都将休谟的美学思想与康德的审美"无利害性"以及"无目的观念的合目的性"联系在一起,认为休谟重视个人感受的美学理论是康德的先导。近年来不少学者对这一观点提出了质疑,汤森德和迪基等人都撰文论述,休谟笔下的审美感受是个人利害好恶的一种体现形式,是一种用以接近审美客体的手段,与康德笔下的"无利害性"并不一致。还原休谟美学的独特性,这是近年来国外学界在休谟美学研究中的一个突破。

(2)近年来休谟美学的范畴得到了较大的拓展。较早的美学史普遍从审美心理体验的角度去论述休谟美学。20世纪50年代之后,在一些学者的倡导之下,国外学界对休谟美学的研究范畴拓宽到了审美社会学以及伦理学的角度,从社会规范、知识精英以及道德伦理等多个角度切入休谟美学的研究。

(3)随着思路的拓展,国外学者对研究材料的选取也逐渐大胆起来。休谟的《论悲剧》《论鉴赏的精细性》《论雄辩》《论艺术和科学的兴起》等短文,以及休谟《英国史》中的一些段落都被学者们纳入研究范畴中,并与休谟的哲学思想相参照,开拓了休谟美学思想研究的新途径。

从国外休谟美学研究的各个层面看,尽管其研究问题和内容具体而广泛,研究成果也比较多,但是总体上,从休谟哲学的宏观和整体层面对于休谟美学的分析,以及对休谟散文中涉及具体美学问题的讨论,从笔者检索到的文献来看,仍然比较欠缺。多是几位著名学者首先"出题",大部分学者只有在这几个题目下做文章,虽然也不乏力排众议者,但不少是故作惊人之语,没有很好理解前辈们的"题意"。可以发现,国外学者对休谟美学及其哲学思想中的具体概念及源流影响,其认识彼此间也存有许多差异。另外,国外学者多是从具体的概念和问题入手,对于经验主义美学的源流梳理以及结合休谟哲学体系的专题研究则较少见诸公开文献中。

综上所述,西方学者近年来的思路与方法值得我们借鉴,尤其是不纠结于"经验主义""怀疑论"这样的标签,从具体的概念如"趣味"

(taste)、"情感"(sentiment)入手,将其放置到休谟的哲学思想中,并结合当时文化和历史的背景进行分析。如果想将休谟美学思想的研究做细做深,我认为主要应该从下面三个方面着手:

(1)从休谟关注的具体哲学问题入手,看看休谟是以何种方式来解决它们,从中提炼出"美学"在他哲学思考中的作用。如休谟对于"印象"与"观念"关系的论述,以及对于"共通感"和"同情"的思考,实际上都带有独特的美学意味。

(2)休谟后期论艺术的一些短篇散文以及他的历史著作中的一些片段,构成了休谟美学思想的重要组成部分,更体现了休谟对于文化、政治与历史发展的深刻观点。这些作品植根于休谟的经验主义思想,因此将其纳入休谟美学思想的整体中来研究是有一定意义的。

(3)梳理休谟美学中一些重要概念在哲学史上的源流,如"taste""sentiment",探究其本意和流变,以此研究休谟是如何借助这些概念来论述具体的哲学问题。同时将休谟的哲学论述与当时的文艺情况结合起来,进行文本的细读分析,如休谟在《人性论》中说明"同情"问题时,大量借助戏剧、绘画、小说等例子,以此来论述情感发生作用的即时性和直接性,这就是值得我们挖掘之处。

休谟的美学思想是近代美学史上的重要一章,但现有研究多是散落于其著作片段和零碎概念,人们难以通过"美学"这一窗口,以其为研究主线来探究17至18世纪以来不断发展、纷繁复杂却又不乏精彩的美学世界。因此,如何建构一个系统性的研究框架,将国内外散布于诸多领域的有关研究成果联系起来,对于休谟美学乃至西方美学史的研究都有着重要意义。不仅如此,对休谟美学的理解还有助于我们采用新的视角,去理解现在的大众趣味、娱乐化社会、艺术标准以及社会批评家等一系列现实问题。

第一章 "趣味"的发源
——休谟美学的时代背景与思想渊源

18世纪前半叶百家争鸣的西方哲学及美学思潮,在我看来,围绕着一个关键的问题——"情感"(sentiment)的兴起。约翰·洛克(John Locke)对"sentiment"这一概念的阐释为这一时期的"情感"思潮奠定了基调。他将经验区分为感觉与反省,感觉是我们对外在事物的经验——视觉、听觉、味觉、触觉、嗅觉;而反省则涵盖我们的心理活动,主要包括心灵的知觉、思维、怀疑、信仰、推理、认识、意愿等活动。这两种经验正是所有观念的基础,即"人心的印象或则是由外物经过感官印入人心的,或则是在反省那些印象时它所发生的各种作用给它印入的"[1],"情感"也包括在其中。通过情感的作用,人们不但能够审视自身,同样能够对感受进行归纳与推理,从中提炼出相关的知识。因此"情感"不仅是个人主观的情感体验,更蕴含了普遍的认识和反思能力,诚如叶秀山先生所说,"这个时期哲学上的'感觉',既包括经验上的'感',更要注意的是知识上的'觉',这个'觉'包括对感官感觉、自我情绪、因果关系各方面知识的提炼"[2]。这种哲学思潮延

---

[1] 〔英〕洛克:《人类理解论》,关文运译,商务印书馆1997年版,第83页。
[2] 叶秀山先生2012年在笔者博士论文开题会上的陈述。

伸至美学领域的重要影响,就是"趣味"的发源。夏夫兹伯里以及其他哲学家借助"趣味",来整合个人的情感反应,判断反思能力以及道德禀赋;而从另一方面来看,这个时期"美"(beauty)与"趣味"(taste)的内涵与作用,绝不仅仅局限于美学的范畴之中。夏夫兹伯里等哲学家通过对"美"与"趣味"的阐释,融合了理性主义与新柏拉图主义等思想,拓展了传统经验主义在认识论与本体论方面的理路,修正了其偏重感官印象和个人相对主义的缺陷,对休谟的哲学产生了很大影响。

休谟的人性哲学脱胎于英国的经验主义哲学传统,在休谟之前,探讨与休谟类似的人性问题的哲学家已经不在少数,休谟广泛吸收前人思想的精华,并加以自己的深入思考,自成一家,成为经验主义哲学的集大成者。与此同时,18世纪英国经济、政治乃至社会文化都在休谟的哲学思想上留下了深刻的烙印,我们在研究休谟哲学时不能不加以考虑。

本章主要论述18世纪欧洲启蒙运动的思想背景,同时,着重介绍三位英国思想家的美学理论,即夏夫兹伯里、贝克莱(George Berkeley)和哈奇生,力图从"趣味"与"情感"的概念内涵入手,将休谟置于思想史的源流之中,同时介绍一些相互碰撞的哲学观点,如夏夫兹伯里与霍布斯、贝克莱等人的论争,以此分析休谟美学思想中受前人影响而生发的脉络,进而梳理经验主义美学的发展。

第一节　启蒙的时代

任何思想可以说都是时代的产物,休谟作为18世纪英国经验主义哲学的代表人物,他的哲学是当时西欧各国特别是英国的政治、经济、科学以及文化各个因素共同孕育的产物。英国在17、18世纪的政治改革、强盛的经济实力、自由开明的社会风气,以及牛顿发起的科学革命,还有启蒙主义运动中涌现的大量思想家提供的精神文化资源,这些都是休谟哲学得以诞生的必要条件,同时在休谟的思想中,也体现着鲜明的时代特色,值得我们仔细研究。

一、历史背景

16—17世纪,英国政局一直处在动荡之中。经过圈地运动、工业革命以及海外殖民,英国的经济实力迅速成长,一跃成为欧洲强国中的翘楚。与此同时,中小资产阶级与英国占统治地位的专制王权之间的矛盾也日益尖锐。经过17世纪中期的两次内战[①],最终在1649年根据最高法院判决,查理一世(Charles I)被处死。随后议会通过取消上院和废除君主制的决议,宣布英国为共和国,其领导权为克伦威尔(Oliver Cromwell)等高级军官所执掌。

1658年克伦威尔去世,英国政局越发风雨飘摇,乔治·蒙克(George Monck)将军果断命令进行新议会的选举,新议会成立之后立即通过决议,邀请流亡在外的查理一世的儿子回国复辟。

英国资产阶级革命的一条主要线索即是宗教,新登基的查理二世本人倾向于天主教,随着新王朝重新树立了国教的权威,贵族们开始在全英范围内对清教徒进行排斥与打击。等到詹姆斯二世登基之后,变本加厉地复辟天主教,任命自己亲信的天主教徒担任政府和军队的

---

① 17世纪40年代初,斯图亚特王朝国王查理一世为给宫廷和耗费巨大的战争筹措款项,被迫于1640年召开中断11年之久的国会,要求拨款。反对派代表占多数的新国会一年之间就废除了推行专制制度的全部主要工具,废黜国王。贵族对于剥夺他们权力和特权的政治变革表示不满,并于1642年8月22日向国会宣战。经过两次内战,议会军最终在克伦威尔等将领指挥下击败王军。

要职，他的所作所为终于惹恼了托利和辉格两党。他们决定废黜詹姆斯二世，迎接其女儿玛丽和女婿威廉回英国执政。这就是有名的光荣革命，它很大程度上削弱了英国的王权统治，确立了由内阁主持国家事务，建立了由地区选拔代表来组成的上下院议会体制。洛克的《政府论》(*Two Treatises of Government*)可以说是当时政治改革的理论精华，其于1690年发表，洛克在书中强调公民的权利与自由，以此来制衡政府的权力。洛克的政治理论影响深远，为资产阶级的民主政体提供了理论基础。

成功的政治改革为英国资本主义的发展扫清了道路，随之在18世纪中期爆发的工业革命，为英国带来更加深刻的社会变革。亚当·斯密的《国富论》(*The Wealth of the Nations*)指出，自由贸易与自由经营会带来国家总体的富有强盛，基于此，国家对个人获取财富不应该有所干涉。斯密的理论得到了广大工农业主的热烈欢迎，政府不得不放宽对企业以及贸易的控制，英国资本家于此得到了最大限度的自由，可以自行制定工资水准和产品价格，自主雇佣和解雇工人，并且开展海外贸易与投资，由此导致农村的逐步解体以及以大城市为中心的经济和文化体系的形成。伦敦一时间成为世界级的都会，成为英国政治、经济和文化的中心。

随着英国经济的兴起，近代自然科学也开始飞速发展。以牛顿为代表的近代实验科学在力学、物理学等领域取得了巨大成就。实验自然科学的发展，必然向哲学提出方法论和认识论上的问题，可以说这一时期英国经验主义哲学的发展，离不开实验科学的推动促进。经验主义哲学强调认识源自经验，倡导观察、实验以及经验归纳法，这些都带有鲜明的自然科学烙印。

另外不能忽视的一点就是，16世纪中叶直到17世纪，英国的文艺也颇为兴盛，诗歌、小说、戏剧、散文各个领域都涌现了大批作家。之前的莎士比亚更是将文艺复兴时期的英国文学推向了高峰，他的作品对后来的英国思想家们都产生了莫大的影响。18世纪初期,由于出版物审查法的废止、社会舆论的兴盛、城市读者的增多,各种手册期刊应运而生,很多著名思想家都曾经致力于短文杂论的创作,他们的作品启蒙了大量的读者。

18世纪英国的绘画艺术也取得了突出的成就,荷加斯(William Hogarth)、雷诺兹(Joshua Reynolds)等人的创作为英国绘画赢得了声誉,他们虽然接受了洛可可艺术以及新古典主义的影响,但其创作却脱胎于英国的生活土壤,形成了独特的"世俗现实主义",带有鲜明的英国特色,于风俗画、肖像画以及风景画各方面都颇有建树。荷加斯与雷诺兹另外撰有相关美学和艺术论著,如荷加斯的《美的分析》以及雷诺兹的一系列讲演等,都对英国经验主义美学的发展有着直接的贡献。

总而言之,英国的经验主义哲学思潮植根于深刻的历史背景之中,英国复杂的经济、政治、文化等因素共同孕育了这一哲学思潮,而经验主义哲学以更加深远的方式影响着英国的历史。要理解休谟的经验主义美学,需要对其时的历史背景以及文化思潮有更加全面的把握。

二、休谟其人及其论著

大卫·休谟1711年生于苏格兰的爱丁堡,他的家族在爱丁堡南部的奈因威尔斯(Ninewells,意为"九泉")有一块祖传的地产,休谟的童年就在那里度过。休谟两岁时父亲去世,休谟回忆道:"我父亲算是一个有天才的人,当我还是婴孩时,他就死了,留下我和一个长兄,一个姊妹,让我母亲来照管我们",幸运的是,"我母亲是一位特别有德行的人,她虽然年轻而且美丽,可是她仍能尽全力于教养子女。"①

---

① 〔英〕休谟:《人类理解研究》,关文运译,商务印书馆1981年版,第1页。

休谟的母亲凯瑟琳（Catherine Hume）从小就发现自己的小儿子材质可堪雕琢，于是送休谟和他的哥哥一起去著名的爱丁堡大学就读。那时休谟年方十二，就已经涉猎颇广，开始博览历史、文学、古典哲学以及数学科学等各方面的书籍。

休谟的家人出于家庭传统和谋生的考虑，希望休谟能够在法律方面有所成就，但休谟的兴趣却更多集中在哲学和文学方面。休谟在后来的《自传》中提到："除了哲学和一般学问的钻研而外，我对任何东西都感到一种不可抑制的嫌恶。"① 休谟因家庭原因辍学后，为自己制定了一个长期的学习计划，一直到1734年，这段学习经历为休谟打开了新的思想之门，这期间休谟确立了自己的人生志向——成为一个学者和哲学家。

但休谟并不想做一个枯坐书斋与世隔绝的学者，而是努力追求一种"更加活跃的生活"，休谟认为这样的生活不仅可以开拓自己的眼界，也有利于改善自己当时糟糕的身体状况，因此他选择了经商。1734年3月，休谟来到英国重要港口布里斯托尔，在一家经营食糖进口的商行里谋了一份书记员职位。但经商到底并非休谟本心所好，几个月之后，休谟就放弃了经商，重新开始自己的思想生涯。

1734年夏，休谟东渡法国继续自己的哲学研究，他选择了一个小镇拉福来舍（La Fleche）安顿下来。这个小镇位于法国安茹郡，镇上有一所耶稣会学院闻名遐迩，笛卡尔和梅森（Marin Mersenne）这样的著名学者都曾在此就读，拉福来舍环境幽静，耶稣会学院藏书丰富，是休谟著书立说的理想之地。休谟在此阅读了大量法国哲学家如马勒伯朗士、杜博斯等人的著作，对其思想产生了重要的影响。值得一提的是，休谟偶尔还与耶稣会学院的教士进行一些神学论辩，为他后来的怀疑主义以及对迷信的批判提供了丰富的材料。1734—1737年间，休

---

① 〔英〕休谟：《人类理解研究》，第1页。

谟于此潜心著述,基本完成了《人性论》的创作。

休谟于1737年秋返回伦敦,着手出版《人性论》。为了这部著作能够顺利出版,休谟对《人性论》的原稿进行了修改,考虑到宗教界的阻力,他删去了其中论神迹的相关章节。《人性论》全书分为三卷,第一卷"论知性"("Of the Understanding"),第二卷"论情感"("Of the Passion")于1739年匿名出版。第三卷"论道德"("Of Morals")也在1740年付梓,同样没有署上休谟的姓名。值得一提的是,在1740年休谟还匿名发表了一本介绍《人性论》第一卷的小册子,全名为《最近出版的题为〈人性论〉一书的概要》(下简称为《"人性论"概要》),一度有学者提出亚当·斯密才是该书的作者,但现今学术界已经基本认可这本小册子仍然属于休谟的著作。《"人性论"概要》简述了《人性论》中关于经验、因果推理、信念的形成、观念联想等问题的观点,是休谟对其思想的浓缩和再阐发,对于休谟哲学的研究来说,同样具有重要的意义。

《人性论》出版后没有立刻引起很大的反响,休谟对此十分失望,他在《自传》中说到:"任何文学的企图都不及我的《人性论》那样不幸。它从机器中一生出来就死了,它无声无臭的,甚至在热狂者中也不曾刺激起一次怨言来。"[①]尽管休谟煞费苦心地对《人性论》作了修改,希望"尽可能减少冒犯",但《人性论》仍然招来了不少"狂热者的非议",休谟就此被目为"无神论者"和"怀疑论者",这两个标签可说与休谟终身相伴。

回到故乡奈因威尔斯之后,休谟撰写了一系列道德和政论短文,并于1741年结集出版,这就是《道德和政治论文集》(*Essays, Moral and Political*)。此书一上市就很受读者欢迎,在伦敦被抢购一空,这为休谟赢得了不错的声誉,同时也给他很大的鼓舞,一年之后休谟再

---

① 〔英〕休谟:《人类理解研究》,第2页。

接再厉,出版了《道德和政治论文三篇》。不过举世瞩目的文名并没有帮助休谟谋得教职,1745年爱丁堡大学伦理和心理哲学的教席空缺,休谟对这个职位颇为中意,但最终未能如愿。六年之后,休谟应征格拉斯哥大学的逻辑学教席,同样被拒之门外。终其一生,休谟都没有获得任何学院的席位。

1745年7月,企图复辟斯图亚特王朝的詹姆斯党人发动叛乱,詹姆斯二世之孙查尔斯·爱德华率兵在苏格兰登陆,一度攻克了爱丁堡,但最终被英军击败,于1746年9月退出苏格兰。休谟在此期间并未身处危城,而是受青年侯爵安南戴尔之邀当了他的私人教师。休谟于1745年4月到达侯爵的住地韦尔德豪尔,在那里干了一年时间。可惜的是,休谟发现这位侯爵有严重的精神问题,同时疏于管理自己的产业,听凭手下从中渔利。君子不立危墙之下,休谟于是很快接受了他的一位远亲詹姆斯·圣·克莱尔将军的邀请,出任这位将军的秘书,并参加这位将军所率的远征军,计划前往加拿大魁北克与法军作战。但由于风向突变,将军只好将作战计划改为攻打位于法国布列塔尼的城市洛里昂。英军缺乏周密的计划和充分的补给,久攻洛里昂不下,最后无功而返,撤回英国,休谟的军旅生涯就此告终。

休谟返回苏格兰家中之后不久,又接到克莱尔将军的邀请,请他作为秘书陪同出访维也纳和都灵。1748年休谟在意大利写成了《人类理智哲学论》,这本书对《人性论》第一卷"论知性"的主要思想进行了提炼和改写,并将原先删去的"论神迹"一节重新收入其中,1758年,该书的标题改为《人类理解研究》(*An Enquiry Concerning Human Understanding*),这个标题也沿用至今。接着休谟又对《人性论》的第三卷"论道德"进行了改写,改写本名为"道德原理研究"(*An Enquiry Concerning the Principles of Morals*),休谟坚持这本书是他所有著作中最为满意的一部。这段时期是休谟创作力最为丰富的阶段,1752年休谟出版了《政治论》(*Political Discourses*),同时完成了

《自然宗教对话录》(The Dialogues Concerning Natural Religion)的初稿。

1752年，休谟被选为苏格兰律师公会图书馆的管理员，这给了他查阅资料、自由写作的便利，在1754—1762年间，休谟陆续出版了4卷6册的《英国史》。这部著作很受读者欢迎，休谟也因此获得了不菲的版税收入，至此休谟可以不再为财务生计操心，从而专心致力于学术研究。休谟的《英国史》影响很大，很长时间内他作为历史学家的声望是远远超过作为哲学家的。很久以来，大英图书馆和剑桥大学图书馆都将休谟列在"历史学家"一栏中。

休谟性情平和，但无论身处何处似乎都与"狂热分子"势不两立。1754年，休谟订购的书单中有几本遭到图书馆董事会的抨击，被斥为"下流无聊的图书"，进而从图书馆的目录中勾销。这几本都是法文书，分别是拉封丹的《故事集》、小克雷比荣的《千疮百孔》以及比西·拉布坦的《渔夫恋爱史》。董事会因此取消了休谟订购图书的权力，休谟对此相当不满，但顾及自己仍然需要图书馆的资源来进行《英国史》的写作，休谟只得继续在这个职位上干了一年多。值得一提的是，休谟将这段时间自己的工资都用来资助一位盲诗人托马斯·布莱克罗克。1757年休谟大致完成了《英国史》的资料收集，于是他很快辞去了这份职务。

那时休谟已经名满英伦，但谤亦随身，他的著作仍然饱受争议。1755年，休谟准备出版一本名为《论文四篇》的文集，其中包含《宗教的自然史》《论情感》《论悲剧》《论几何的形而上学原理》四篇文章。第四篇文章由于数学家菲利普·斯坦厄普提出了批评意见，休谟将其撤下，换上了《论自杀》和《论灵魂不朽》，将原书改名为《论文五篇》准备出版。没想到此时又横生波折，格罗塞斯特主教威廉·沃伯顿看到此书之后十分不满，威胁该书的出版商安德鲁·米勒说，只要他敢出版此书，就要诉诸法律。休谟无奈之下，只好用《论趣味的标准》

一文换下了《论自杀》和《论灵魂不朽》,并对《宗教的自然史》稍加修改,仍以《论文四篇》为名,于1757年出版。

1763年,休谟接受了新任驻法公使赫特福德伯爵的邀请,前往法国担任他的私人秘书。在法国任职的三年期间,休谟展示了自己的政务长才,很好地处理了使馆的相关事务,同时在巴黎社交界也颇有建树,他在沙龙中结识了狄德罗、霍尔巴赫和爱尔维修等著名哲学家,在与他们的交流过程中不断锤炼自己的思想。休谟对自己在巴黎的那段生活相当怀念,他在《自传》中写道:"在巴黎住,能得到一种真正的快意,因为那个城中富有聪明、睿智而文雅的人们,那是全世界任何地方所不及的。我有一度还打算终身定居在那里。"①

休谟于1766年返回英国,伴随休谟同行的是另一位大名鼎鼎的人物——让·雅克·卢梭,他因为《爱弥儿》一书触怒了教会,为了逃避迫害,不得不在欧洲四处颠沛奔波。休谟与卢梭两人的友谊一度被传为佳话,可惜没有善始善终。卢梭猜疑休谟一直在策划迫害他,最终不辞而别,返回法国。

卢梭的风波之后,休谟在英国政府的北方事务部当了一年的助理秘书,于1768年去职返回爱丁堡。休谟在爱丁堡新城购置了新居,他在那里安稳地度过了人生的最后五年。此后,休谟在自己的住所接待了许多来访的友人,彼此之间进行了很多有益的切磋讨论,"青年人和不自检束的人也乐与我相处,正如勤恳的人和致力文艺的人乐与我相处似的。我因为与谦抑的女子相处,觉得特别快乐"②,与此同时,休谟也努力修订自己的著作,包括《宗教的自然史》《人类理智研究》等名作,但值得注意的是——《人性论》并不在休谟的修订之列。1775年,休谟为"答复黎德先生与愚笨的贝蒂先生"特意撰写了一篇公告,此二

---

① 〔英〕休谟:《人类理解研究》,第7页。
② 〔英〕休谟:《人类理解研究》,第8页。

人都对休谟的《人性论》进行过抨击。休谟声称《人性论》出版太早，在推理和表述上有所疏忽，他后来的著作才是真正代表他的哲学情感与原则的。不过事与愿违，后世读者仍然将《人性论》视为休谟最伟大的作品。

1776年8月25日休谟于家中逝世，去世前保持了哲人的平静与一贯的风趣，同时他仍然在努力安排自己最具争议的作品——《自然宗教对话录》的出版事宜，最终1779年休谟的侄子大卫完成了叔父的遗愿。

三、启蒙主义思潮

休谟生活的18世纪，是西方历史上著名的"启蒙时代"。启蒙运动发源于英国，其代表人物是培根（Francis Bacon）、霍布斯（Thomas Hobbes）和洛克（John Locke），随后波及法国，在法国启蒙运动中走向了巅峰，其领军者包括一系列大名鼎鼎的人物：伏尔泰（Voltaire）、孟德斯鸠（Montesquieu）、卢梭和狄德罗（Denis Diderot），巴黎因此成为启蒙运动当之无愧的中心。休谟曾造访过巴黎，在那里受到了隆重的欢迎，休谟与卢梭的交谊虽然没有善终，但也算得上思想史上的一段佳话。这一批著名的思想家尽管见解各异，彼此争论不休，但"他们是一家人，随时可以团结起来，支持他们共同赞成的事业：创建一个主张人道、教育与宗教分离、世界主义和自由的纲领、不受国家或教会专断干涉的威胁，并有权提出质疑和批评的世界"[1]，休谟正是这群人中的一员，他的思想也在启蒙群星中闪烁着独特的光芒。

17世纪末首次出现的报纸和刊物促进了书籍和知识的流通，举例

---

[1] 〔英〕阿伦·布洛克：《西方人文主义传统》，董乐山译，三联书店1997年版，第70页。

而言,"孟德斯鸠的《法的精神》于1748年出版,到1751年光是法语就印刷了二十二版;同年匈牙利出了拉丁文版,到了1773年已出了十多种不同的英语译本;荷兰语、波兰语、意大利语版都在七十年代内出版,德语版在1789年,俄语版在1801年出版"①,众多思想家的启蒙主义思想经过书籍以及报纸刊物的广泛传播,影响逐渐遍及欧洲。

休谟所在的苏格兰也是启蒙运动的重镇之一。苏格兰本来是一个王国,如今已沦为英国北部一省,爱丁堡虽然已不再是首都,但仍被誉为"北方的雅典"。除了大卫·休谟、亚当·斯密两大思想家之外,弗兰西斯·哈奇生,托马斯·里德等众多饱学之士齐聚苏格兰,这些大家都有志于讨论道德、社会、哲学问题,因此苏格兰启蒙运动就其影响以及思想深度而论,丝毫不逊色于法国。

文德尔班如此概括启蒙运动的思想特色:

> 事实上,在启蒙运动时期(在时间上大约与18世纪相吻合),又重新出现了希腊智者派运动的所有特征,不过思想更成熟丰满、种类更丰富多彩、内容更深刻,因而矛盾也就更加尖锐……在两个时代里,占统治地位的是:同样的对主体内在本性的反省,同样的带着怀疑的厌恶心情扬弃形而上学无谓的苦思冥想,同样的喜欢从经验的发展观点来考虑人类的精神生活, 同样的对科学知识的可能性和极限性的探索,同样的对社会生活问题的讨论的热情关注。最后,对这两个时代说来不亚于上述特色的是:哲学渗透在一般文化的各个广阔领域里,科学运动和文学运动互相交融。②

---

① 〔英〕阿伦·布洛克:《西方人文主义传统》,第71页。
② 〔德〕文德尔班:《哲学史教程》,罗达仁译,商务印书馆2000年版,第600页。

从文德尔班对启蒙运动的概括来看,启蒙运动强调人类理性的解放,要求个人思想、情感和行动的自由,引导人们"敢于认识,有勇气使用自己的理性"(康德)。另外,启蒙并不是一味强调理性,而是力求对人的具体情感和思维进行全面的观照,同时着眼于现实人生的问题,对道德、社会、历史、文化等领域都有涉及,启蒙因此才具有真正的价值与意义,美学正是在这个意义上与启蒙运动的精神一脉相承。虽然"美学"(Aesthetic)1750年才得名于鲍姆嘉通的著作,但巴黎、爱丁堡的一众启蒙思想家对于艺术、道德以及情感问题的探讨争论,实际上已经打开了近代美学的大门。启蒙运动于美学以及艺术实践都有着相当的推动作用,更直接影响了休谟美学思想的形成与发展。

由美国的凯·埃·吉尔伯特和联邦德国的赫·库恩合著的《美学史》将这个时期的艺术特点概述为"优雅性与合理性",法国式优雅合理的艺术正在英国风行,反映在当时的美学思想方面,就是肯定艺术的不断进步会促进社会的繁荣,提升人的情趣,一个完善的社会应该在道德、政治以及文艺各方面都能持续地发展。"无论什么时期,都缺乏这个时期的审美趣味所表现出的勇气,无论怎样伟大的天才,其无节制和放纵行为,在这个时期都是不能宽恕的……任何人都得服从理性的裁决。在某种意义上讲,合理性的统治再次给世界带来了某种秩序性和内聚力(cohesion)"[①],休谟在这样的环境下,他的思想自然会受到当时艺术文化氛围的影响。休谟生活在启蒙主义风行欧洲的年代,就像数学家和完美的圆打交道一样,戏剧家和画家必须与理想的形式打交道,这就是18世纪大多数美学家的唯理主义观点。休谟是一位典型的经验主义者,在哲学方面他和洛克一样,对唯理主义的天赋观念进行了批判,崇尚个人经验是知识的基础,然而在实际的道

---

① 〔美〕吉尔伯特、库恩:《美学史》,夏乾丰译,上海译文出版社1983年版,第308页。

德与审美方面，休谟秉持的却是折中的经验主义，情感需要受到理性以及传统的节制，因此休谟赞赏的文艺作品都带有明晰、简洁和优雅的色彩，而如莎士比亚情感激烈的剧作则为他所不喜。

与此同时，休谟深受英国经验主义哲学的熏陶，牛顿、培根的实验方法直接影响了休谟的哲学研究方法论，而更加值得一提的是著名的约翰·洛克，他反对笛卡尔的"天赋观念"论，认为思想来自于我们的感官印象，不论是直接的，还是大脑对这些印象进行的组合与反思。洛克进一步阐释他的观点：道德价值观、善恶的意义，均产生于人类经验中愉快与痛苦的感觉。伏尔泰认为洛克像牛顿发现自然世界的科学规律一样发现了人心的规律，他的思想是英国自由风气的结果，原因在于洛克确定了经验主义哲学的研究方法，英国经验主义哲学比起大陆哲学来，明晰而系统化；自己每承认某个一般原理，就着手审查这原理的种种应用，按归纳方式去证明它。洛克的思想开了经验主义的先河，在启蒙运动中发挥了独特的影响。[①]

需要注意的是，洛克、霍布斯等思想家都只是将"美"作为认识论、伦理学和宗教文化方面的具体问题来看待，而到了休谟，情况发生了根本的转变，休谟借助审美问题广泛论述认识、情感、道德、信念等哲学中的重要范畴，以此将形而上的哲学思辨与社会的历史习俗以及具体的效用利害联系起来，使美学成为自己哲学体系中一个不可或缺的重要部分，同时将美学的地位提高到了一个新的层次。

休谟是经验主义美学的集大成者，在下文中笔者将简要论述三位同时期的英国哲学家的美学思想，以此来梳理休谟之前经验主义美学关注的一些具体问题，以及各位思想家对这些问题的解答，他们的理论与休谟一起构成了丰富多彩的经验主义美学。休谟的出现

---

① 参见〔法〕伏尔泰：《哲学通信》，高达观等译，上海人民出版社2005年版，第67页。

即是这一思潮的产物,随后更深刻地影响了经验主义美学乃至西方美学的格局。

第二节 夏夫兹伯里

夏夫兹伯里(Anthony Ashley Cooper Shaftesbury III, 1671—1713)是启蒙运动时期英国一位影响深远的哲学家,他的美学思想在经验主义和新古典主义之外另辟蹊径,在17、18世纪的哲学思潮中独树一帜。夏夫兹伯里对休谟的影响比较显而易见的是他的"美善合一"理论,但实际上更值得我们注意的是夏夫兹伯里身上的新柏拉图主义思想倾向,他因此能够将"美"理解为一种高于现实的形式,而趣味的任务就在于发现真正的德性和美。这样,趣味开始脱离简单的感官感觉,而逐渐成为人所具有的一种重要判断。同时夏夫兹伯里对"自我"(self)观念的阐发,对情感(passion)作用的强调,及其对于艺术批评的重视,开一时风气之先,在美学史上有着相当重要的地位,值得我们重视。

一、德性(virtue)与品质(merit)

夏夫兹伯里一生著述颇丰,其中多是短篇的艺术短札及政论,而传诸后世的唯一理论著作就是《论德性或品质》(*An Inquiry Concerning Virtue or Merit*)。夏夫兹伯里在年方弱冠时就写出了这部著作,从而也确立了自己一生的思想方向,即树立"秩序(order)与德性(virtue)"的至高地位。夏夫兹伯里出身贵族,早年曾与洛克有过一段交谊,但他始终对洛克和霍布斯的哲学思想持反对意见。争执的焦点在于人是否生来就有道德感(包括美感)的问题。霍布斯曾力图证明人性自私,道德不过是维持社会秩序的一种方便,趋善避恶其实只是求奖避惩。洛克则认为人心本来是一张白纸,一切知识都基于感官印象,对"天赋观念"以及"天赋道德感"这一系列学说进行了批判。夏夫兹伯里反对这些学说,因为它们都把世界和人看成单纯的机械,使人类社会所需要的道德在人性中找不到根基。

夏夫兹伯里在《论德性或品质》中论述了以下观点:人的德性是整个自然秩序的重要组成部分,人心中善良品质所构成的和谐或"内在节拍"反映大宇宙(universal system)的和谐。这大宇宙的和谐才是夏夫兹伯里所说的"第一性美",而人在自然界和自己的内心世界所见到的美只是"第一性美"的影子。夏夫兹伯里的思想带有很明显的新柏拉图主义色彩,但从另一个角度来看,他同样为个人的道德与审美留下了足够的地位。

在《论德性或品质》中,夏夫兹伯里指出:宇宙之中,天地万物各有所序,各安其位,而整个宇宙的和谐秩序是最高的善(Good)。而"德性"(virtue)则是个人与宇宙秩序相互沟通、天人相应的桥梁,个人的嘉德懿行会促进整个秩序的和谐,反之如果个人败德逾矩,则会破坏整个自然秩序的稳定。

夏夫兹伯里的师友洛克有过这样一个观点:我们生活中的一些实用知识往往得自于实际经验,而关乎对错的伦理知识,则需要像数学观念一样经过推理得出,"道德的观念和数学观念本身都一样是原型,一样是贴切的完全的观念,因此,我们在道德观念方面所见的契合或相违,一定可以产生出实在的知识来,正如我们在数学的形相方面一样"[①]。夏夫兹伯里很大程度上借鉴了洛克的这一观点,他设置了一个"善"的原型(the good of a kind),由此去衡量和推导世间万物的德

---

① 〔英〕洛克:《人类理解论》,第640页。

性。而《论德性或品质》就是夏夫兹伯里在探究如何将个人的德性和"善"的范式协调起来。他的答案是激情(affection)。在夏夫兹伯里看来,人的感情发自于心,无法作伪,只要人有善的体验,自然会生发出善的情感,而人又是自然秩序的重要组成部分,因此人心之善无异于整个秩序和谐稳定的表征。

夏夫兹伯里认为情感不仅仅是德性的外在表现,而是检验德性真伪的标杆,一个人只有在行动时感受到了特定的情感,自然而然,发乎本心,才算是真正具备了相应的德性:

> 不可能设想有一个纯然感性的人,生来禀性就那么坏,那么不自然,以至到他开始受感性事物的考验时,他竟没有丝毫的对同类的好感,没有一点怜悯、喜爱、慈祥或社会感情的基础。也不可能想象有一个理性的人,初次受理性事物的考验时,把公正、慷慨、感激或其它德性的形象接受到心里去时,竟会对它们没有喜爱的情感或是对它们的反面品质没有厌恶的心情。一个心灵如果对它所认识的事物没有赞赏的情感,那就等于没有知觉。所以既然获得了这种以新的方式去认识事物和欣赏事物的能力,心灵就会在行动,精神和性情中见出美和丑,正如它能在形状、声音、颜色里见出美和丑一样。①

夏夫兹伯里指出,只有情感才能促使人们采取行动,而人们在行动时体验到的情感正是其德性的标志。这一观点颇受同时代思想家的诟病,但休谟却从其中吸取了很多营养。

实际上夏夫兹伯里并非一味倡导宣泄情感的浪漫主义者,他清

---

① 朱光潜:《西方美学史》,人民文学出版社2000年版,第208—209页。

醒地看到了情感的两面性。一方面，感觉是人源于自然的天性，是沟通物我的桥梁；另一方面，情感的冲击太过强烈，让人几乎无法自持。而情感的价值在于其有助自然秩序的和谐，绝非个人可以从中获得感官的愉悦。因此，情感如果不能疏导有度，对自然的和谐有害无益。夏夫兹伯里选取了先民的动物崇拜作为例子，论述即便人们在祭拜动物时感到无比虔诚，但实际上这种情感破坏了人与自然的和谐关系。过于激昂的情绪同样为夏夫兹伯里所不取，因为这种情感太过专注于自身，导致自我过度膨胀，因而有悖于人在自然秩序里中正的地位。

如何节制疏导情感？夏夫兹伯里没有诉诸理性（reason）或是权威（authority）的力量，而是反求诸己，强调用自我反省和修养功夫来节制情感，这在很大程度上符合他新教徒以及辉格党人的身份。夏夫兹伯里论述的焦点由此从"情感"转向了"性格"（character）。他认为，人们有可能被一时的喜好或是利害所蒙蔽，由此表现出了游移不定的情感倾向，而人们真实的自我——道德感与美感是不会被误导的，因为人们的道德与美感是宇宙和谐秩序的一部分，而个人更是人"类"（species）中的个体，因此只要人们运用理智三省其身，就可以养成稳定平和的性格，从而更好地疏导情感。休谟在很大程度上继承了夏夫兹伯里的这个观点，他在《人性论》中指出，"决定任何情感的性质的，不是当前的感觉或暂时的痛苦或快乐，而是感觉自始至终的全部倾向和趋势"[①]，他和夏夫兹伯里都是着眼于更为稳定的"人性"而非一瞬即逝的情感体验。

夏夫兹伯里之所以特意拈出"情感"这个概念，是为了借此将"德性"（virtue）和"品质"（merit）与范式的"善"（goodness）区分开来。夏夫兹伯里认为，人们在遇到单纯的"善"时，一定伴随着感官愉

---

① 〔英〕休谟：《人性论》下册，第419页。

悦的体验，但这仅仅是被动的感受。而美感和道德感之为用，在于人们主动"通过反思（reflection），把公正、慷慨、感激或其它德性的形象接受到心里去"①，并且对其进行评判，或赞赏或厌恶，因此与消极本能的感官反应有着本质的区别。夏夫兹伯里意在强调美与德性的客观性和普遍性，而反思的感觉（reflective sense）正可以防止人们沉迷于本能的感官愉悦。值得注意的是夏夫兹伯里仍然将道德感或美感视作人正常的情感体验，而非特殊的"第六"或"第七"感官，在这一点上，休谟与夏夫兹伯里更为心有灵犀，而夏夫兹伯里的高徒哈奇生则走向了另一条道路。

笔者在上文中简述了夏夫兹伯里对于情感和德性的阐释，值得指出的是，夏夫兹伯里强调了情感是趣味（taste）、美（beauty）与感官体验之间的关键纽带，并赋予其超越消极感受的反思功能。在夏夫兹伯里的其余著作中，"美"成了更为重要的概念。夏夫兹伯里的新柏拉图主义倾向使得他将"美"视作更高的范式，而"趣味"则是个人对于"美"的反应，因而夏夫兹伯里尤为重视艺术在鉴别情感、培养性格方面的突出作用，在下文中笔者试图就这一问题进行阐述。

二、趣味与性格

夏夫兹伯里与同时代的哲学家的一大区别在于，他并不将哲学单纯视作理性的思辨，而赋予其更多感性和实际的功用，他在《道德学家》（"Moralist"）一文中写道：

> 人们进行哲学思考，是为了培养更高层次的教养，理解公正的品质，以及体会艺术中的美；而哲学之为用也正在

---

① 朱光潜：《西方美学史》，第208页。

于此。①

这段话里夏夫兹伯里将教养（breeding）、公正（justice）和美（beauty）这三者联系在了一起。在他看来，一个人对于这三者的理解和选择，构成了他的性格，而哲学与艺术的任务，就是力图使人们在智慧和美的熏陶下，培养起完善稳定的性格，从另一个角度来说，完善的性格也有助于我们建立起良好的趣味和道德。

和理性主义"我思故我在"的"自我"本体相比，夏夫兹伯里笔下的"性格"，带有独特的英国经验主义色彩，他将"性格"视作经验与观念的集合体，休谟将"自我"（self）论述为"一束观念"（a bundle of ideas），多少是源出于夏夫兹伯里，而康德对于理性主义心灵实体论的批判，笔者认为，也很难说没有受到夏夫兹伯里的影响。

不过夏夫兹伯里不似休谟和康德那样善于穷究理路，他的著述很大程度上是怡情悦性之作，在他看来，对哲学家而言，感受的"心灵"（heart）与理智的"头脑"（head）同样重要，哲学的目标就是将两者融合在一起，形成完善而稳定的"性格"：

> 一个哲学家不仅仅要具备头脑，更不可缺少心灵。这两者都有助于我们形成健康的趣味，并理解世界的秩序。头脑帮助我们理解自身在社会中的阶层和利害，心灵帮助我们体会自己在天地中的尊严和界限。②

夏夫兹伯里一直寻找的是"一种美的理论，以回答个人性格的真

---

① *The Shaftesbury Collection*, the 1st volume, John M. Robertson (ed. s), London: Thoemmes Press, 1997, p.113.
② *The Shaftesbury Collection*, the 1st volume, John M. Robertson (ed. s), London: Thoemmes Press, 1997, p.126.

正形成问题",他坚持哲学的真正使命在于"教导我们保持本色,调节自身的喜好,激情和性格,进而理解自身",从这个角度来看,个人的趣味在夏夫兹伯里的理论中占有重要的位置,因为在他眼中,趣味关系着人们的性格如何完整地表现出来,并且避免外在的诱惑使其误入歧途。个人的趣味可以影响道德,因此培养个人乃至公众的趣味是道德教育的关键所在,"趣味有助于完善绅士的性格,而对趣味的探究是任何渴望变得明智和礼貌的人要做的工作"①。

夏夫兹伯里在一篇短文《塑型艺术》("Plastics")中列举了即便是一名绅士,其趣味也会受到误导的一系列原因,其症结在于,一旦审美活动关乎"实践"(practical)和"经验"(empirical),这就涉足利害了,人们因此不得不从一己的判断出发,维护自身的利害,最终受制于阿谀和奉承。除非一个绅士能够"脱于流俗,在那些来来去去的艺术家中保持定见",这样的人才"配得上他的名誉和财富"②。夏夫兹伯里想通过这段话来说明,趣味是由人的判断所形成,虽然趣味和人内在的道德以及审美禀赋十分接近,但实际上趣味还是关乎实践,并且容易受到误导。夏夫兹伯里反对当时"趣味无争辩"的论调,他坚称,"我们现在最重要的任务就是纠正我们的趣味,而不能让趣味左右我们"③。

夏夫兹伯里指出,人们囿于个人的喜好,失去了理智的判断力,这才是健康趣味的最大敌人,"无论我们身处人群还是独善其身,我们个人的喜好都不会失去作用,只要它一旦被满足,就会给予我们快感……如果我们不能控制自身的喜好,这就会使得我们走向疯狂"④。

夏夫兹伯里认为趣味应该植根于人的道德感,不受道德感制约的

---

① *The Shaftesbury Collection*, the 1st volume, p.184.
② *The Shaftesbury Collection*, the 2nd volume, p.113.
③ *The Shaftesbury Collection*, the 2nd volume, p.114.
④ *The Shaftesbury Collection*, the 1st volume, p.207.

个人趣味只是疯狂的爱好和迷恋,"只要我喜欢,什么都是对的"①,因此,趣味并非关于个人喜好,而是关乎取舍的道德问题。健康的趣味源于人们对自我的认识与控制,夏夫兹伯里对作家的建议中就体现了这一点:

> 好的作品有如一面明镜,我们可以发现自己,窥见我们最详细的面影,刻画入微,适合我们自己来领悟和认识,即令是短短一瞬间审视的人,也不能不认识了自己的心灵……好的艺术家因此可以利用自己的才华来帮助他的观众们培养起健康的趣味。②

在夏夫兹伯里看来,健康的趣味并非与生俱来,而需培养和引导,因其是理性判断的产物。如果将夏夫兹伯里的理论与18世纪后期的美学思想做个比较,我们就能看出两者显著的不同。18世纪后期的美学理论将"趣味"视作一种直接的个人快感,"当我品味某种东西时,我无须思考它就能经验那种味道……别人可以有不同的经验。一个人发现愉快的味道可能不能令另一个人感到愉快,而且我不能说或做任何事情来改变这种情况。对于许多早期现代哲学家和批评家来说,艺术和美的经验恰好就像这种味觉,'趣味无可争辩'就是指这种情况"③。夏夫兹伯里持论与此正相反,他认为,人们有可能被一时的喜好或是利害所蒙蔽,因此表现出了坏的趣味。人们真实的自我——道德感与美感是不会被误导的,因为人们的道德与美感是宇宙和谐秩序的一部分,但其外在的表现——趣味却可能误入歧途,这就取决于人

---

① *The Shaftesbury Collection*, the 1st volume, p.208.
② *The Shaftesbury Collection*, the 1st volume, p.181.
③ 〔英〕汤森德:《美学导论》,王柯平等译,高等教育出版社2005年版,第12页。

们的理智反思与自我控制。因此人们在审美中获得的愉悦或是厌恶的感受，应该是自身对趣味进行评判的产物，而非证明趣味无可争辩的依据。

夏夫兹伯里对于"趣味"的理解颇有独到之处。一方面，他没有像后来的美学家们一样，将趣味看作人的感官产物，而是将其视作个人性格与自我的具体呈现。缺乏具体趣味取向的品质和个性流于空泛，没有实际意义，因此趣味与个人的道德与审美判断密不可分，夏夫兹伯里由此驳斥了当时经验主义将趣味简单视作快感的倾向。另一方面，夏夫兹伯里突破了新柏拉图主义将"美"视作一种实体，将其与情感以及判断剥离开来的倾向，他认为情感与判断都是审美体验必需的要素，真正的艺术应该是有道德和健康趣味的绅士欣赏的对象，同时也是培养良好道德和个性的工具。

值得注意的还有夏夫兹伯里关于批评（criticism）的观点。他认为趣味既是一种审美判断，又是个人的某种感受和性格的外在表现，既然如此，趣味就需要经受感官和理性各方面的考验，如此方能够不断完善。批评家（critics）的作用就是从各个角度去检验和完善趣味。不仅仅在艺术领域，在宗教和政治领域同样需要有益的批评：

> 批评家可以警醒我们的迷信和无知……如果思想是混乱的、愚蠢的，批评可以摧毁它，如果思想是睿智的，批评可以彰显它……任何合理健康的趣味，只有经历批评的汗水和痛苦，方能成型并为人所感知。①

夏夫兹伯里强调趣味的普遍标准和规范，如他所说："公众的判断总是对的……一个人如果能够按照普遍判断、大众趣味和老练的艺

---

① *The Shaftesbury Collection*, the 2nd volume, p.257.

术家的作品中体现出来的准则来修正自己的趣味并且发表言论,这样的人死后才不至于受到谩骂和惩罚。"[1]夏夫兹伯里的这一观点,更多传达的是他对于稳定的道德规范以及人性的推崇,而非压制个人的审美体验。在他眼中,道德与趣味关乎整个宇宙秩序的完善与否,"公众总是对的",因为高尚的德性与品质都需要从大众身体力行方能提炼出来,这样才能保证其公正与稳定。

休谟在很大程度上接受了夏夫兹伯里关于批评的观点,但两人的分歧在于,夏夫兹伯里仍然将批评视作个人自我审视的工具,批评家们外来的声音仅供参考,而休谟则力图通过"批评家"建立一个普遍有效的"趣味标准"。

三、艺术与情感

夏夫兹伯里认为,道德与艺术相似,善与美一致。和谐与平衡,是判断善恶的标准。道德的基础,不在自私或自爱,而在于仁爱;不在于理性或理智反省,而在于情感。他把这种情感称为道德感或良心或天然情感,并认为这是与生俱来的东西。在这一点上他和当时剑桥柏拉图主义者们颇为接近,在他们眼中,"心灵不是一张感觉书写的白纸,而是一本合上的书,只有情感才能打开它"[2]。

夏夫兹伯里在强调人类天生的道德情感的同时,也并不讳言情感如果不加以节制,被一己的喜好、偏见或是利害所左右,就会导致自私以及狂热等众多弊病。正如笔者在上文中所论述的,夏夫兹伯里认为

---

[1] H.B.Nisbet & C.Rawson (eds), *The Cambridge History of Literature Criticism*, vol.4: *the Eighteenth Century*, Cambridge: Cambridge University Press, 1997, p.635.

[2] 〔英〕安东尼·肯尼:《牛津西方哲学史》第3卷,杨平译,吉林出版集团2010年版,第52页。

人们的道德感与美感源自于宇宙的和谐,他坚信"心灵"在"不涉利害"的情况下,能够在"初次受理性事物的考验时,把公正、慷慨、感激或其它德性的形象接受到心里去时,同时厌恶那些相反的品质。……心灵会在行动,精神和性情中见出美和丑,正如它能在形状、声音、颜色里见出美和丑一样"①,然而夏夫兹伯里的用意并不是将"无利害"当作一种独特的经验模式,在他眼里,情感与个人的喜好与利害息息相关,利害是一种会影响人们情感与判断的因素,"在'无利害'的情况下,无论处于何种虚假和混乱的状态中,心灵总能够发现美与适宜(comeliness),并能洞察不同心灵、不同情感和行为之间的细微差别。因此在无利害的状态下,人们更能珍视自然和真诚,唾弃虚伪与野蛮"②,相反,人们一旦被过度的激情所控制,就难以保持心灵的敏感和明晰了。

夏夫兹伯里的这种观点并非无的放矢,他所抨击的正是霍布斯宣称的"人的自然状态",在这种状态里,人们受蔽于一己的利害与激情,往往顺从于本能盲目而动。那么,如何来节制人的情感,使其保持在一个稳定和适度的状态,这个问题一直是夏夫兹伯里所关注的。夏夫兹伯里认为,情感的源头在于天地之间的和谐秩序,而人类的道德感也源生于此,"这个秩序(order)直接存在于其他一切创造物之中,也直接存在于人之中。人类最高的善是爱这个秩序并从中获得的快乐"③。天不变道亦不变,而个人的情感就是对于此实在秩序的反应,情感的力量也就植根于此。夏夫兹伯里以古代诗歌与现代诗歌对比来说明这个观点,他指出,古代的诗歌之所以能够动人心魄,现代诗歌之所以"缺乏精神"(spiritless),因为前者生发自和谐秩序,天人应和,因此才能激发人的情感,后者只是诗人逞其巧智,虚伪矫饰,如同无源

---

① 朱光潜:《西方美学史》,第 214 页。
② *The Shaftesbury Collection*, the 1st volume, p.252.
③ *The Shaftesbury Collection*, the 1st volume, p.54.

之水，所以缺乏感人的力量。由此看来，个人只有不断完善自身的道德感，才能有效地节制情感，做到发乎情，止乎礼。在这个意义上，艺术为个人提供了一种审视自我的途径，因为，艺术固然可以直接触动人的感官，借此引发人的情感，但更为重要的是，真正的艺术蕴含着自然秩序以及"纯形式"（the true form），而非局限在人的感受或是事物外在的表象，由此人们可以借完善自身的趣味，进而调节自身的喜好与情感。

夏夫兹伯里晚年在那不勒斯休养，闲暇之余，写下了一系列关于绘画、诗歌以及雕塑等艺术的短论杂评，这些短文的主旨一言以蔽之，即是论艺术与道德的关系："艺术真正应该做的，是让那些理想的情感与德性以具体的形象跃然纸上，栩栩如生……当真实的品质和内在的形式展现出来，外在的表象就应该让位于它们……人物的匀称和气质在诗歌中只能通过他们的道德表现出来……冲突，对比，阻碍，行动。"①夏夫兹伯里的著作中有相当大的篇幅留给了他的艺术评论，大多是他从政坛退隐后在那不勒斯创作的，他希冀通过著书立言的实际行动来达到"改善我们的趣味"这一目的。

在《独语或对作家的忠告》中，夏夫兹伯里对古代诗篇大加赞赏，称其为"对时代的一种殷鉴或一面明镜"，对于人的道德、心灵和性格的形成发挥着重要的教化作用："这些诗篇不仅从根本上讨论道德问题，从而指出真实的性格和风度，而且写得栩栩如生，人物的音容面影宛若在眼前。因此，它们不但教导我们认识别人，而且主要的和它们的最大优点是，它们还教导我们认识自己。"②这段话深刻地体现了夏夫兹伯里美学思想的道德诉求，新柏拉图主义教导人民摆脱尘世物质的羁绊，追求灵魂的飞升，而夏夫兹伯里的用意则在于通过艺术纠

---

① 〔英〕夏夫兹伯里：《论特征》，《缪灵珠美学译文集》第 2 卷，中国人民大学出版社 1987 年版，第 27 页。

② 〔英〕夏夫兹伯里：《论特征》，《缪灵珠美学译文集》第 2 卷，第 28 页。

正人们对现实世界的感知与认识,"我们最重要的责任就是改善我们的趣味"。艺术不再是惑乱人心的幻象,而是人们获取真知、理解世界的工具,因为艺术揭示的是世界纷乱表象背后的内在形式,而人们的道德中恰恰也蕴含了这一点,艺术由此可以成为人们与宇宙相互沟通和理解的桥梁。

由这个立场出发,夏夫兹伯里坚持审美不能没有标准,同样要接受公众的评判,艺术家更不能光凭借冲动和感觉来创作,要遵守某些建议和规则。夏夫兹伯里虽然说过"真正的诗人是一位第二造物主",但在他眼中,诗人摹仿的是"宇宙的和谐秩序",而这种和谐与人心中的道德秩序相应和,因此诗人绝非不涉利害随心所欲地进行创作,读者更不能凭一己的偏好对艺术妄下论断。他认为艺术家在创作中应该尤其注意这一点,需要摒弃个人沽名钓誉、自我表现的偏见,做到公正无私(disinterested):"有些作家的作品中充斥着自己的奇思妙语和个人成见(interested view),他们也许名噪一时,然而后世真正记得的是那些博学公正而无私的作者。"①诗歌需要遵守某种规则,这和情感应该稳定节制是相对应的,一旦艺术失去了标准,观众的情感也会因此而混乱,这也正是夏夫兹伯里的忧虑所在。

夏夫兹伯里的理论带有新古典主义的色彩,但其笔锋所指,并不局限于当时社会中混乱的审美趣味,更涉及对17世纪以来英国宗教狂热的批判,"诗者,持也,持人情性"②,这一句古典诗评用在夏夫兹伯里身上也颇为合适。休谟继承了夏夫兹伯里关于节制情感,树立稳定规范的观点,但摒弃了他的新柏拉图主义思想倾向,代之以更加经验化的立场,在下一章中笔者将详加论述。

---

① *The Shaftesbury Collection*, the 1st volume, p.146.
② 刘勰:《文心雕龙注释》,周振甫注,人民文学出版社1981年版,第48页。

四、情感的力量

在夏夫兹伯里眼中，哲学、教育以及艺术诸科，其目的都指向自我人格的教化与完善。在其后期著作中，夏夫兹伯里一再重申自己的这个观点：

> 哲学的任务在于使我们保持自我的统一（keep us the self-same persons），规范我们的喜好，情感和性情，最终让我们理解自身，并为他人所理解，而非简单地赞同。①

夏夫兹伯里对"自我"的复杂性有着充分的认识，是因为"自我"掺杂了个人的情感、利害以及性情等诸多元素，因此更加需要慎思明辨，"如果一个人不能严格地审视自身，那大概很难成为一个好的思想者……我们的喜好无常，性情多变，我们的行为和利害常常有相互矛盾的地方，而正是因为如此，所以我们更要努力规范自身的性情"②。

有论者将夏夫兹伯里的这一思想倾向主要归结于他的贵族身份所致，这一论断未免失之偏颇，夏夫兹伯里的这一观点实际上是他的个人思考以及性格与当时的哲学思潮交互作用而产生的。"自我"（self）是夏夫兹伯里学说中的关键词，其含义较复杂，影响也颇为深远，前文已经有所论及，大致而言，夏夫兹伯里笔下的"自我"一方面"带有新柏拉图主义的色彩，是一种包罗万象的官能，促使我们在审美过程中，从结果转入原因，从外部转入内部，从部分转入整体"③；另一方面，夏夫兹伯里的理论中明显带有洛克经验论的印记，"自我"

---

① *The Shaftesbury Collection*, the 2nd volume, p.122.
② *The Shaftesbury Collection*, the 2nd volume, p.185.
③ 〔美〕吉尔伯特、库恩：《美学史》，第316页。

是观念累积的产物,随着新观念的产生而日新月异。这两点之间的张力是17—18世纪经验主义哲学中很值得深思的一个问题,休谟在他的《人性论》中也仔细对其进行了探讨。

夏夫兹伯里重视经验和教育在"自我"形成中的作用,同时他也看到了个人的喜好性情千差万别,不可以一概而论,因此他为各种行为和情感设立了一个衡量的尺度,即个人的感受:"公正的思想,优雅的修养,端正的品行,这些只能经过个人真正的体验才能形成,无论哪种性情,只要不是源于人自然的感受而形成,那么就无法持久。"①

夏夫兹伯里一方面力图设立一个标杆,以此检验个人不同的经验,但从另一方面来看,他实际上也解放了个人的经验,使之成为衡量不同观念的尺度,这样,"感受"进而就脱离了单纯的感官体验,而带有了判断(judgment)的色彩。这个倾向在其美学思想中体现得尤为明显,夏夫兹伯里反对当时的经验主义将美视作从感官体验抽象出来的概念,在他看来,美与德性都并非单纯的感觉对象,而是人们精神与自然的应和。他将美感和道德感看作人的"具体的基本倾向,一种纯粹的能力,是精神的原始功能……美的,漂亮的,好看的都决不在物质(材料)上面,而在艺术和形式上面;决不能在物体本身,而在形式或是赋予形式的力量……而形式只有在被思考,被欣赏,被检验时才会有活力,因此才能激起和满足人的美感"②,当我们经历审美体验时,并不是消极地获得感官愉悦,而是在主动地发现和构造形式中获取快感。因此无论是在理论还是在实践中,审美都需要理智和反思的参与。夏夫兹伯里如此写道:"对于绘画、建筑,以及其他艺术而言,理智的作用都是至关重要的,并不逊色于历史与经验;反

---

① *The Shaftesbury Collection*, the 2nd volume, p.10.
② 朱光潜:《西方美学史》,第216页。

之,那些仅凭感官的刺激与冲动就一挥而就的作品,才是虚假和矫饰的。只有经过理智和心灵的考验,才能创作出真正的艺术品。"① 夏夫兹伯里将传统经验主义的对外在刺激有所反应的"感觉"(sense),改造成了对形式和秩序(order)的感知(perception),从这个意义上说,夏夫兹伯里已经将被动的"感觉"上升到了主观"判断"(judgment)的层次。这一点与夏夫兹伯里一贯的"天人应和"学说是相吻合的,正是因为人属于宇宙秩序的一部分,因此才能主动地去感知和构造符合宇宙秩序的艺术形式。

有论者指出,在夏夫兹伯里对"情感"进行改造之前,西方美学的主流当数柏拉图所开创的形而上美学观,认为美之根源需要从外在于人的"理念"等秩序之中去寻求。夏夫兹伯里的开创之处在于,他将柏拉图主义的美学观与英国经验主义哲学融合起来,把探求的目标转到个人的情感体验之上,"夏夫兹伯里所提出的不仅仅是一种新的理论,而是发现了心灵中的一块新大陆,或者说,发现了'自我意识'中的一块崭新的领域。这就是自旧石器时代起就一直活跃在艺术和公益活动中的潜在的审美冲动"②。

笔者在前文中所做的论述,旨在说明夏夫兹伯里绝非简单意义上的形而上学家或是理性主义者,恰恰相反,他用经验来验证观念,但又清楚地意识到经验的局限。通过对"趣味""性格""自我"等一系列概念的论述,夏夫兹伯里摆脱了新柏拉图主义对"内在天性"(internal nature)的沉迷,他认为绝神去智、瞑目苦思绝不能正确地理解宇宙,只有广泛地去感知、反思、欣赏和实践,才有与宇宙真理沟通的可能。文德尔班随后发现,"一种非常值得注意的现象是,作为'感官'(如后来称呼它那样)的心理学的支持者,恰恰是那些忠实

---

① *The Shaftesbury Collection*, the 2nd volume, p.61.

② 〔英〕哈罗尔德·奥斯本:《美学与艺术理论》,转引自滕守尧《审美心理描述》,四川人民出版社1998年版,第22页。

地尽心尽力要想从所有可以利用的材料中获得外部世界知识的人们"①。夏夫兹伯里同时也批判了当时在洛克影响下过于简单化的经验主义美学。他信赖人天生的感官能力，并且坚持人们应该在审美和道德活动中不断反思和检验自身的感觉，由此发展和完善自身的能力，这正蕴含"趣味"（taste）这一现代美学观念的起源。

第三节　贝克莱

笔者之所以选择贝克莱（George Berkeley）来继续这一章节的写作，首先是因为在17—18世纪的经验主义哲学思潮中，贝克莱是一位无法被忽略的人物，他的思想对休谟乃至康德产生了巨大的影响，在经验主义哲学中起着承上启下的重要作用；而在另一方面，贝克莱在《艾西弗伦》（Alciphron）②一书中，围绕"趣味"问题对夏夫兹伯里以及曼德维尔进行了反驳。这些争论很好地体现了经验主义美学涉及的一些核心论题：什么是真正的趣味？趣味是一种感觉经验还是一种理性反思？审美趣味是否有一套行之有效的判断标准？建立这种趣味标准的依据又是什么？贝克莱对这一系列问题的回答既体现了自身鲜明的经验主义立场，同时又预示了这场美学思潮的发展方向。

一、《艾西弗伦》

贝克莱在《艾西弗伦》中塑造了一个有趣的角色：艾西弗伦，在书

---

① 〔德〕文德尔班：《哲学史教程》，第407页。
② George Berkeley, *Alciphron*, New York: Routledge Press, 1997.

中艾西弗伦是一位富于智慧的哲学家,面对各种质问一一予以解答,但另一方面贝克莱用这个角色来喻指名满英伦的夏夫兹伯里,借这位虚构人物之口来归纳夏夫兹伯里的思想观点,并在争论中暴露其理论缺陷,可以说是很巧妙的写作手法。

在书中艾西弗伦一开始将"趣味"解作人与人之间气质性格上的差别,他指出,意大利人因为其优雅自然的风度,很自然地可以与从事体力劳动的荷兰人区分开来。但有人质疑道,所谓"优雅自然的风度",不过是习惯的产物,只要经过长期规范和训练,都可以培养出来。艾西弗伦回应说,精细的趣味与文雅的鉴赏,并非刻意可以得到,这两者背后体现的是现代的完善教育与精英的健全素质,"人在思考与表达中,自然就不知不觉地获得精细的趣味与文雅的鉴赏了"。①这里贝克莱的讽刺笔调显而易见,他将夏夫兹伯里的"趣味"归纳成一种矫揉造作、附庸风雅的产物,同时我们也能看出他对于"趣味"的怀疑:如果"趣味"是不知不觉中获得的,那么还有什么标准可言?

贝克莱在书中抨击了两种"趣味"观,其中之一的代表人物就是艾西弗伦,他将趣味和鉴赏视作个人一己的才智,这些无法通过学习和训练获得,而必须经过上流社会的文化熏陶方能得道。贝克莱借书中一位人物克里托之口讽刺道:"那么,这些活跃的理性、机敏的理解力、智慧的天赋还有狡黠的机智,就是使你这样的哲学家鹤立鸡群的原因了。"②另一种则是更为肤浅的"快感"说,虚构的哲学家莱希克斯是这一学说的拥趸,贝克莱用这一人物暗指当时的功利主义思想家

---

① George Berkeley, "Alciphron, or the Minute Philosopher," *The Works of George Berkeley, Bishop of Cloyne*, Vol.3, ed.T.E.Jessop(London: Thomas Nelson and Sons, 1964), p.50.

② George Berkeley, "Alciphron, or the Minute Philosopher," *The Works of George Berkeley, Bishop of Cloyne*, Vol.3, p.83.

曼德维尔。莱希克斯表示:"任何理解生命的人都会同意,人应该利用自身的一切聪明才智,力量财富来满足自己的趣味,享受生命的快感。"①贝克莱再次借克里托之口反驳这种观点,指出趣味在被满足的瞬间,也就失掉了其快感,同时这种"趣味"不过是动物性的感官本能而已。贝克莱对这种观点同样给予了辛辣讽刺:"那么,欺诈,荒淫,背叛,酗酒,这一切都是真正的智慧、正当的行为,以及健全的趣味,对吧?"②

从贝克莱批评这两种观点的态度中,我们可以得出贝克莱对于"趣味"问题的真正用意,他拒斥从人的感性认识出发去进行审美活动,同样,道德价值也不能单纯凭借感性认识去判断,"看见美是一回事,识别美又是另一回事"③。贝克莱认为,审美必须求助于理性的思维与判断,这里的"理性"实际上是亚里士多德所说的"理性的快感":"这种理智力不是主宰理智,而是主宰欲望和激情。"④贝克莱提出,人有三种快感:理性的快乐、想象的快乐、感官的快乐。贝克莱将理性的快乐视为最高级的快乐,感官的快乐则最为低级,他认为,如果个人一味追求感官欲望的满足,不仅有损个人的德性,同时也有害于公众的利益,在这一点上,贝克莱与夏夫兹伯里是一致的。

贝克莱与夏夫兹伯里真正的分歧在于,他将夏夫兹伯里的美学理论完全视作新柏拉图主义的余绪,他借艾西弗伦之口将夏夫兹伯里的

---

① George Berkeley, "Alciphron, or the Minute Philosopher," *The Works of George Berkeley, Bishop of Cloyne*, Vol.3, p.185.

② George Berkeley, "Alciphron, or the Minute Philosopher," *The Works of George Berkeley, Bishop of Cloyne*, Vol.3, p.88.

③ George Berkeley, "Alciphron, or the Minute Philosopher," *The Works of George Berkeley, Bishop of Cloyne*, Vol.3, p.117.

④〔古希腊〕亚里士多德:《优台谟伦理学》,见《亚里士多德全集》第8卷,苗力田等译,中国人民大学出版社1994年版,第358页。

美学观点概括为，"美是秩序、合适的比例以及和谐"①。贝克莱承认这些特性是对象在审美者心中引起美感的前提条件，但他认为，和谐与比例绝不是美的本质，美的最终本质在于"效用与目的"。贝克莱举例说明，希腊式的建筑物之所以能给人以美的体验，由于其整体设计与各个部分的装饰都有一定的效用，而哥特式的建筑之所以缺乏这样的美感，是因为它的设计没有遵循效用的原则。贝克莱仍然持传统的经验主义立场，认为趣味是"美"的事物激发出的个人感觉，而夏夫兹伯里则将趣味视作创造和判断"美"的人类天性，在他们两者的分歧上，我们可以看到近代美学的一个重要转变，美学的焦点从秩序与比例问题转移到了"美感"问题上，"美"不再是客体的某种特性如"秩序""比例"或"效用"，而与审美主体的情感与体验联系在了一起。

二、贝克莱对"趣味"的攻讦

贝克莱把"效用与目的"奉为美的本质，这在某种程度上导致了审美相对主义的出现。每个人都有各自不同的需要和目的，对此，贝克莱举有一个例子：通常建筑学家认为，一扇门的恰当比例为高度是宽度的两倍，因为这样比例的门，比较适合一般人通过。然而如果在某一处地方的人类，其身体比例与正常的比例恰好相反，那么按照上面比例制造的门一定会被他们所厌恶。

贝克莱对当时泛滥的个人趣味多有抨击，前文中已经论述过他的一些观点，那么他为何又高举"效用与目的"，不惜为审美相对主义打开大门呢？实际上，贝克莱视"趣味"为低级的感官快乐，因此他试图借助理性的各种力量来规范这种感受，让人们运用理性的认识和判断

---

① George Berkeley, "Alciphron, or the Minute Philosopher, " *The Works of George Berkeley*, *Bishop of Cloyne*, Vol.3, p.113.

能力在探求知识时获取快乐,这种"理性的快乐"才是贝克莱所推崇的。要确定一事物是否具有一定的"效用和目的",在贝克莱看来,更多是"理性的工作",他举例说,要判断一把椅子是否具有"使人舒适的效用",不能光靠视觉,而必须求助理性的思维。贝克莱由此更进一步说,"人们通常说的'美',根本上并不是眼睛的对象,而是心灵的对象"。

在此基础上,贝克莱选择了各种方式来规范人们的趣味,如宗教、习俗以及古代艺术等,人们在通过这些途径改善自身趣味时,都运用了"理性的力量"。值得注意的是,贝克莱借书中克里托之口对古代艺术大加推崇:"我们不应该冒险遵从自身的趣味……北方人放弃了从古代艺术原型中汲取灵感,转而顺从他们的恶趣味,结果搞出了多少扭曲的作品……"[1]

这段话很容易让人想起17世纪末法国著名的"古今之争",贝克莱似乎也持"崇古"一派的看法。不过需要注意的是在《艾西弗伦》中克里托是一个诙谐的角色,他的话大多夸张而带有讽刺色彩,如果结合克里托的另外一段滑稽之词来看,贝克莱也许另有所指:"看来,想让那些感官敏锐、激情如火、智力超群的人士尊奉古典是没什么指望了。"[2] 从这个角度来看,贝克莱表面的崇古主张背后,隐藏的是他对当时哲学家各行其是的审美理论的抨击,他指责这些人"徒具巧智而无智慧可言(wit without wisdom)"。贝克莱尤其反对夏夫兹伯里的"美善合一"理论,他讽刺夏夫兹伯里"试图用趣味代替法律":"这位明智的哲学家就像一位君王,他想在自己的王国里不用监狱和刑罚来践行律法,而用'美'来取代,人们在审美的过程中获得纯然的愉悦,

---

[1] George Berkeley, "Alciphron, or the Minute Philosopher," *The Works of George Berkeley, Bishop of Cloyne*, Vol.3, p.191.

[2] George Berkeley, "Alciphron, or the Minute Philosopher," *The Works of George Berkeley, Bishop of Cloyne*, Vol.3, p.138.

这愉悦来自于宇宙的秩序与和谐。"①

上文引用的这段材料还体现了贝克莱在另一个方面对于"趣味"的攻讦，就是人们追逐时髦，流于习气，效仿彼此的趣味，而将神圣的宗教弃如敝屣。贝克莱借艾西弗伦之口刻画哲学家沾沾自喜的神色："毫无疑问，这个时代的趣味已经完善了很多。当我辈作家出版作品时，就已经肩负起了启蒙大众的职责，新的天才会应运而生，他所说的一切都代表着神圣的潮流，他就是一位先知。"贝克莱指出，"就连那群最善于批评，最具洞察力的饱学之士，时常也会偏离他们设立的准则，一个理智的人又怎么会追随这样的趣味与判断？"②

贝克莱的讽刺相当犀利，他将夏夫兹伯里描绘成一位难脱贵族习气的哲学家，指责其把上层社会的"修养"当作屡试不爽的灵丹，但实际上他过于简化了夏夫兹伯里的观点，同时也忽略了"趣味"这一概念的复杂内涵。夏夫兹伯里笔下的"趣味"包含着个人性格的展现与内省，不同于贝克莱抨击的消极生理快感，而在另一方面，趣味又是衡量个人心智和感官敏锐程度的最好途径，人无法伪造自己的感受，"如人饮水，冷暖自知"，因而趣味可以促使人们反求诸己，三省其身。贝克莱强调人们需要借助理性来选择和修正自身的趣味，但在经验主义思潮的发展之下，个人的趣味（融合了情感体验与理智判断）已经逐渐形成了自律的独立领域，而不再是等而下之、附庸于外在秩序的感官快感。

贝克莱对夏夫兹伯里的批驳体现了他传统的经验主义立场，他对同时代哲学家所发的辛辣言论难免有失偏颇，但正因为贝克莱的批评

---

① George Berkeley, "Alciphron, or the Minute Philosopher," *The Works of George Berkeley, Bishop of Cloyne*, Vol.3, p.204.

② George Berkeley, "Alciphron, or the Minute Philosopher," *The Works of George Berkeley, Bishop of Cloyne*, Vol.3, pp.200-201.

与总结，我们可以更加明晰地看到"趣味"这一美学概念的衍变过程，以及夏夫兹伯里对古典美学的变革。这对我们更加全面地观察近代西方美学的源流，也不无助益。

第四节　哈奇生

英国学者弗朗西斯·哈奇生（Francis Hutcheson）在近代美学史上具有重要的地位，不只因为其与夏夫兹伯里密切的理论渊源，更由于他充分发挥了洛克的人性经验论，以及对道德感与美感的进一步阐发。哈奇生在《论美与德性两个概念的根源》（*An Inquiry into the Original of Our Ideas of Virtue and Beauty*）中对"内在感官"（internal sense）的阐释，体现了他试图为普遍的"美"与"道德"与个人经验之间寻找沟通的桥梁，这桥梁就是情感（sentiment）与趣味（taste）。休谟在哈奇生的基础上，将"内在感官"与社会文化规范结合起来，从而修正了哈奇生过于偏重感觉的弊病。

哈奇生的美学理论大体是基于洛克经验论的承袭与发展，其中对洛克和夏夫兹伯里等人学说的分合重组，对中世纪以降"内在感官"学说的重新阐发，尤其可见出17、18世纪美学思想与哲学思潮的互动脉络，本节试图论述的焦点，即在于此。

一、审美经验

哈奇生的美学思想较之夏夫兹伯里的散论箴言，的确是更加系统的理论，除去两人气质与写作风格的不同，洛克的影响是我们不能不考虑的一个方面。

哈奇生的"内在感官"秉承了洛克的认识论,洛克坚持人类的观念出于两个来源:(1)感觉作用;(2)对我们自己的心灵的活动的知觉。我们只能借助观念进行思考,而所有观念都是从经验来的,因此知识绝不能先于经验而存在。同时哈奇生还借鉴了洛克关于第一性质(primary qualities)与第二性质(secondary qualities)的学说。在近代哲学和科学史上,从伽利略开始,继而笛卡尔、霍布斯、波义耳等科学家和哲学家相继区分了物体的两类性质,一类是广延、形状、运动等性质,一类是色、声、味等性质。洛克继承和发展了他们的思想,首先把问题分成了两个方面,一方面是物体中的性质,另一方面是由物体中的性质所引起的心中的观念。所谓"第一性的质",即包括物体的大小、广延、数目、运动等根本性质。之所以称其为"根本性质",是因为这些性质为物体所固有,与物体不可分离。我们靠自己的感官感知到了物体的种种性质,因此获得了如体积、形状、数目、运动或静止等各种观念。与此相对,"第二性的质"实际上则是物体的某种"能力",它凭借物体的根本性质在我们心中产生了色、声、味等感觉观念,因此又被称为"附属性质"。在洛克看来,这两种性质的观念虽然都诉诸感官经验,但却存在本质上的区别。第一性质引发的观念依附于物体的"原型",而第二性质造成的诸多观念则体现了个人感官以及心理结构与外在世界相互应和作用的能力。洛克的这一思想对后来的经验主义哲学发展产生了深刻的影响。

哈奇生的理路大致是,既然观念来自于感觉,而感觉又纯然属于个人的经验,那么美与道德的观念也必然在个人感官方面有其落脚点,这自然就成了哈奇生"内在感官"的缘起。道德愉悦来自于外在的善行,审美愉悦来自于外界的美景,这两者虽然建立在简单感觉的基础上,但实际上仍然是个人被动的感受。洛克所列举的如视觉、听觉、味觉、触觉、嗅觉等反映的是世界的物质属性,而哈奇生标举的"内在感官"则能体会到世界的道德秩序和审美特质,两者都属于物我两分的传统经验主义理路。但哈奇生于洛克基础上的进步在于，他的"内在感官"所体验到的审美经验，并不是洛克所说的"复合观念"，是各种不同简单观念的集合，而是具备某种较之感觉更高的性质。

在洛克看来，观念没有高低之分，但有简单与复杂之别。简单观念包括感觉观念和反省观念。感觉观念是直接起源于外感官的简单观念。当外物及其属性直接作用于我们的感官，我们就获得了感觉观念，如黄、白、冷、热、软、硬、苦、甜、运动等。当一个对象拥有各种混杂不同的性质时，各观念也可以并行不悖地作用于感官，产生不同的观念，洛克以一朵白色百合花为例，指出这朵花不可分离地拥有白色和芳香的性质，我们的心灵却可以分离地接受白色和芳香的观念。反省的简单观念是直接起源于内省的简单观念。洛克指出，当心灵在获得上述各观念后，接着通过观察这些观念时的内心活动，以此进行直接的反省，这样就获得了反省的观念，如愉快或痛苦、因果性的观念等。哈奇生则强调"内在感官"对于各种感觉的统摄和改造，以及审美经验的独特性。我们可能看到一朵花是白色，闻到它的芳香，但是这种视觉和嗅觉并不能产生审美经验。

哈奇生发展了洛克的理论，在他的阐述中，我们的外在感官能够感知世界的物理性质，而内在感官则向我们展示世界的和谐与美丽，这两者属于世界的深层性质，因此我们需要更加复杂的"内在感官"方能一窥堂奥。而哈奇生与洛克关键的分歧在于，对洛克而言，感知就是获取观念的过程，哈奇生则认为，美和道德并非消极获取的观念，而是一种天赋的主体感觉，"美就如同其它表示感性观念的名称一样，严格地只指某个人的心所得到的一种认识……我们所了解的绝对美是指我们从对象本身里所认识到的那种美，不把对象看作某种其他事物的摹本或影像，从而拿摹本和蓝本进行比较：例如自然作品、人工制造的各种形式、人物形体、科学定理这类对象中所认识到的美"①。在哈奇生看来,"美"不能脱离外在感官的印象而存在,但又绝非消极感觉的组合,"美"产生于人类先天具有的较高级的接受观念的能力,即"内在感官",这种能力让人类可以在繁多复杂的表象中发现整一的规律,这就是美的本质所在。哈奇生始终强调,"内在感官"并非消极接受外在刺激的感官,人类拥有"内在感官",才有能力去选取和接受符合自身价值观与审美标准的观念,这也就意味着,在我们认为的"美"中,必定存有某些性质,可以与我们心灵相互应和。

哈奇生的"内在感官"说,意在糅合洛克与夏夫兹伯里两位名家的思想而自成一格,他也确实做到了这一点。他的"内在感官"理论由此点出了近代"审美经验"的两个特质,一是审美经验虽是基于主观感觉之上,但绝不混同于感官感觉;二是客体的某些性质可以引发因人而异的审美经验。这两点对后世美学均有深远的影响。

二、内在感官

弗兰西斯·哈奇生与夏夫兹伯里有师生之谊,他的美学思想也与夏夫兹伯里有着密切的渊源。哈奇生著名的"内在感官"说就受到了夏夫兹伯里很深的影响。

中世纪以降,欧洲哲学就不乏"内在感官"的说法,奥古斯丁和托马斯·阿奎那都有过相关的论述,"内在感官"不仅仅是与神沟通交流,接受神启的能力,同时也象征着人自身主动的感知能力,"在认识涉及到感官现象时,只有肉体是被动的,而灵魂在变得有意识时是主动的;对于感官的感觉和激情来说,也是一样"②。深受新柏拉图主义影响的夏夫兹伯里认为,"人天生就有审辨善恶和美丑的能力,而且审

---

① 〔英〕哈奇生:《论美与德性两个概念的根源》,见北京大学哲学系美学教研室编:《西方美学家论美和美感》,商务印书馆1980年版,第97页。

② 〔德〕文德尔班:《哲学史教程》,第316页。

辨善恶的道德感和审辨美丑的美感根本上是相通的，一致的。他替这种天生的能力取了各种不同的称号：'内在的感官'，'内在的眼睛'，'内在的节拍感'等等"①。夏夫兹伯里在《道德家们》一文中将"内在感官"解释为对美的直接感知，是一种感官的能力，它在起作用时和目辨形色、耳辨声音具有同样的直接性，不是思考和推理的结果：

> 眼睛一看到形状，耳朵一听到声音，就立刻认识到美，秀雅与和谐。行动一经察觉，人类的感动和情欲一经辨认出（它们大半是一经感觉到就可辨认出），也就由一种内在的眼睛分辨出什么是美好端正的，可爱可赏的，什么是丑陋恶劣的，可恶可鄙的。这些分辨既然植根于自然，那分辨的能力本身也就应是自然的，而且只能来自自然，怎么能否认这个道理呢？②

夏夫兹伯里在《道德家们》之前的《论德性或品质》一文中也对"内在感官"进行了阐释，他认为，"内在感官"可以直接分辨善恶美丑，因而也是自然而天生的，但这种感官并不同于外在感官，而是与理性密切结合的。

哈奇生糅合了洛克和夏夫兹伯里的思想，从中提炼出了著名的"内在感官"说。他将感觉分为外在感官和内在感官，外在感官接受简单观念，只产生较弱的快感；内在感官接受复杂观念，能引起较强的快感；接受美的内在感官就是"审美趣味"。哈奇生对"内在感官"的直接定义是："有些事物立刻引起美的快感，所以就应有适宜于感觉到这种美的快感的感官。"③哈奇生与夏夫兹伯里的不同之

---

① 朱光潜：《西方美学史》，第207页。
② 朱光潜：《西方美学史》，第207页。
③ 转引自朱光潜：《西方美学史》，第215页。

处就在于，夏夫兹伯里认为"内在感官"的作用是人们对待事物或喜爱赞赏或厌恶批评的态度心情，而哈奇生则将"内在感官"当作与视觉、听觉、嗅觉一般无二的官能。"内在感官"也和其他感觉一样，是外界刺激在心灵上引起的反应，"因外界事物之存在，影响于我们身体，而在心灵中唤起的那些观念，谓之感觉。我们发现，在这样的情形之下，心灵是被动的，只要我们继续保持我们的身体适宜于受外物影响的状态，心灵便没有能力阻止知觉或观念，或者在接受时改变它"①。

哈奇生的"内在感官"包括道德感与美感，善的行为使我们产生道德感，美的事物让我们体验到审美的愉悦。他断言，"我们也许对乐曲、绘画、建筑、自然风景不感到愉快，或者比诸别人对同一事物的快感是微乎其微。此种接受愉快观念的能力，我们通常称之为优雅的天才或趣味"②。哈奇生强调，这种内感官是一个人先天具有的能力，先于一切习俗和教育，但是后天的教育和习俗对其也有影响。"一切都需先假定美感是天生的"③，事物本来不存在什么美，所谓的"美"只和人类感知的心灵有关，美是由心灵所产生的。这一观点对休谟影响很大。哈奇生的贡献在于他更加明确地指出了，"内在感官"即"趣味"是产生美和道德这类复杂观念的源泉，但其又与外在感官一样，具有直接性，超越知识，无关利害。

此外，哈奇生的美学讨论了同一性与多样性的相对比例，他的研究不仅仅局限于客体的形状与数学之美，更多则是集中于艺术之美与

---

① 〔英〕哈奇生：《论美、秩序、和谐、意匠》，见《缪灵珠美学译文集》第2卷，中国人民大学出版社1987年版，第55页。

② 〔英〕哈奇生：《论美、秩序、和谐、意匠》，见《缪灵珠美学译文集》第2卷，第58页。

③ 〔英〕哈奇生：《论美、秩序、和谐、意匠》，见《缪灵珠美学译文集》第2卷，第54页。

自然之美。人工之美引人赞叹工匠之巧艺,而自然之美则使人不仅思慕造物者至高无上的才能,更景仰其眷顾万物的智慧,"我们在自然中发现的迷人之处对创造者和被创之物都有益处,对人类的良好生活也有裨益"①,哈奇生的观点在这里多少偏离了传统的经验主义,而带有一些自然神学的目的论倾向。

结合前文的论述,我们可以粗略地看出17世纪乃至18世纪初期"趣味"问题发展的脉络,它一方面脱胎于洛克、霍布斯等人的经验主义哲学,受控于利己悦己(self-interest)这一自然人的基本倾向,另一方面触发于夏夫兹伯里和哈奇生等人努力用道德原则去规范人的本能冲动,因为他们坚信一个成熟的人能够完全协调自己身上的利己主义和利他主义的本能。夏夫兹伯里深受剑桥新柏拉图主义的影响,他认为人的内在道德感与美感是和外在世界相协调的,个人可以通过自身的道德感和美感与天地宇宙相互激发,同声相应。人正是通过审美来协调自身利己本能和道德改善,道德完善的人身上体现出至高的审美趣味,因为他追求的是"公正、慷慨、感激"以及"怜悯、仁慈"等美德。哈奇生没有其师的这般激情玄想,但他同样认为,各种美的根源来自道德的象征,人具有如审美趣味一样的对善的天然情感。哈奇生首先确立了趣味是一种快感的体验,不依赖于知识、原则和效用,是一种纯粹的愉悦,但人们在审美过程中综合并提升了自己的感官能力,使之具有了评判和抉择的功能,而且能够反过来规范自身的感官。

乔治·迪基曾经指出近代美学的两种趋向:一是强调审美客体具有的某种性质或者特征,可以给予我们美感的体验;另一种则是,"美"存在于我们的心灵,由我们的心灵创造出一种独特的"审美经验"。哈奇生试图借助"内在感官"弥合这两者,他吸收了洛克的经验

---

① 〔英〕亚历山大·布罗迪编:《苏格兰启蒙运动》,贾宁译,浙江大学出版社2010年版,第38页。

论,强调"美"的基础是各种感觉的集合,同时也博采其师夏夫兹伯里的思想,将"美感"视作一种个人独有的心灵能力。而其理论的缺陷在于,哈奇生阐释"美"时太过强调"美"是心灵必然的目的,休谟对因果关系和目的论的质疑削弱了哈奇生的理论基础,而代之以自己对于"人性"的实验性阐释。然而哈奇生的美学是综合了当时经验主义和理性主义各派思潮的成果,由此出发,近代美学逐渐走向了一个崭新的格局。

第二章 "情感"(sentiment)的美学意义

前一章中笔者主要论述了夏夫兹伯里、贝克莱和哈奇生三位思想家对"情感""趣味"以及一些相关美学问题的阐释。从这几位思想家的著作中，我们可以提炼出经验主义美学面对的一个关键问题："感官世界如何与理性相调和？"换言之，"愉快的感觉怎样才可以分享理性的性质？"① 值得注意的是，当时的欧洲艺术处在"走完宗教兴趣与世俗兴趣的循环"②的阶段，此时的欧洲文艺如何与经验主义美学思潮相互配合，促使经验主义美学理论渐趋成熟，这也是本章试图详细论述的问题。

吉尔伯特和库恩在《美学史》中如此概括17世纪哲学理论与美学研究的脱节情况："在17世纪，在哲学家中少有热心艺术的情况……大多数情况下，艺术处于冷清的，不利的学术氛围之中，那些本应对艺术做出哲学解释的人沉浸于科学研究当中，如果艺术要想在这个科学的年代与时代同步而行，那么它不得不自己设法。"③ 休谟的哲学研究在很大程度上克服了当时哲学的这一弊端，他将细致的心理经验分析运

---

① 〔英〕鲍桑葵：《美学史》，张今译，商务印书馆1985年版，第228页。
② 〔英〕鲍桑葵：《美学史》，第221页。
③ 〔美〕吉尔伯特、库恩：《美学史》，夏乾丰译，上海译文出版社1990年版，第305页。

用到美学研究中来,以"情感"为线索打通了认识论、伦理学以及美学之间的界限。

萨缪尔·约翰逊(Samuel Johnson)博士在他的词典中对"情感"(sentiment)有以下几种定义:"感觉迅速""认知迅速"和"敏感",他一方面将其视作个人认知过程中必不可缺的工具,同时又认为"强烈的激情"既可以引起愉悦又可导致痛苦的感受,因此在他看来,情感需要维持在适度的界限上,如此情感才会和理性协调起来,互相补充而非彼此对立。约翰逊博士对于"情感"的解说代表了18世纪晚期英国智识之士对于"情感"问题的看法,"情感"在当时知识界所推崇的"理想人格"中已经有了一席之地,早先17世纪理性主义哲学和宗教规条压抑个人情感的阴霾逐渐被清除,休谟的经验主义哲学在推进这一思潮的过程中发挥了重要作用。

休谟将自己的哲学称作"人性科学",他将其分为逻辑、伦理学、美学和政治学四个方面。逻辑研究人的认识和推理,伦理学、美学研究人的情感、道德行为和趣味,政治学则涉及群治的政体与法制,其植根于人性,同时意在约束和引导人性。其中逻辑是广义的,既指人的思维和推理形式,也包含认识论。人性科学的四个方面中,认识论是基础,它的基本原理可以用于推导其他诸方面的研究。笔者在本章中试图指出,休谟如何借助对美学的论述,将"情感"和"趣味"融合进自己的认识论,以此强调个人经验以及情感才是知识和道德的基石。休谟正是借助"情感"与"趣味"等概念的论述,以此来协调主体性的"内在心理—外在社会"两个层面。在笔者看来,理解"情感"与"趣味"的内涵,是把握18世纪美学的关键。无论是后来煊赫一时的浪漫主义思潮,还是影响深远的康德哲学,都无法脱离休谟的巨大影响,因而由休谟的美学入手,可以更加深入地探究西方近代美学的渊源层次。

第一节　情感与经验

休谟的人性哲学涉及逻辑、伦理学、美学以及政治学等各个领域，其共同的重点是对人的心灵能力的探讨。这些领域并不是各自独立的，而休谟用来沟通各个领域的桥梁则是情感和"经验"（experience），他结合"观念"与"印象"来阐释个人经验的不同层次，进而论述了人类四种基本的激情（分别是"骄傲""谦卑""爱""恨"），最终用"情感"来统一"感"（feeling）与"思"（thought）。休谟的"情感"学说是他的人性哲学各个领域的黏合剂，同时也从侧面回答了美学史上极为重要的一个问题：人类的经验何以能够摹仿和再现外在世界？

一、观念与印象

休谟之所以被誉为"道德科学界的牛顿"，原因在于他采取"实验"的方法去"观察人类的心灵"。他力图去探究人的"能力和官能"："即使数学、自然科学和自然宗教，也都是在某种程度上依靠于人的科学；因为这些科学是在人类的认识范围之内，并且是根据他的能力和官能而被判断的。如果人们彻底认识了人类知识的范围和能力，能够说明我们所运用的观念的性质，以及我们在作推理时心理作用的性质，那么我们就无法断言，我们在这些科学中将会作出多么大的变化和改变。"[1]

---

[1] 〔英〕休谟：《人性论》上册，第6—7页。

休谟认为:"人性由两个主要的部分组成,这两个部分是它的一切活动所必需的,那就是感情和知性(understanding);的确,感情的盲目活动,如果没有知性的指导,就会使人类不适于社会的生活;但出于心灵的这两个组成部分的分别活动所产生的结果,却也可以允许我们分别加以考察"①,其中的"情感"主要是指人的"骄傲""谦卑""爱""恨"等情感状态,而"知性"则是关乎对观念的起源、组合、抽象、联系等问题。② 休谟指出关于(人心灵的)能力和性质的任何讨论,都不可能脱离缜密而精确的实验和对这些能力与性质在不同环境和情形下所产生效果的实际观测。休谟所指的"实验",并不是现代的科学实验,而是包括内省观察在内的各种观照心理经验的方式。因而休谟力图在经验的基础上,将人类情感与知性的各种性质和能力相比照,从而抛开那些超验的玄学问题,直接对人性科学进行研究。

休谟采取"实验"的方式去研究人性,他所选取的实验材料就是"观念"(idea)与"印象"(impression)。休谟的方法是从内部世界出发,逐步分析我们心灵中的某些理念如何帮助我们去认识和感知外在世界,"观念"与"印象"就是这种基础的理念。

休谟在《人性论》的开篇就探讨了人类观念的起源,并阐释了"观念"与"印象"的内涵:"人类心灵中的一切知觉(perceptions)可以分为显然不同的两种,这两种我将称之为印象和观念。两者的差别在于:当它们刺激心灵,进入我们的思想或意识中时,它们的强烈程度和生动程度各不相同。进入心灵时最强最猛的那些知觉,我们可以称之

---

① 〔英〕休谟:《人性论》下册,第533—534页。
② 休谟这里所说的"知性"与康德在《纯粹理性批判》中提到的"知性"颇有共通之处,在《纯粹理性批判》导言的结尾,康德提出:"人类知识有两大主干,它们也许来自某种共同的,但也许不为我们所知的根基,这就是感性与知性,通过前者,对象被给予我们,通过后者,对象则被我们思维。"康德与休谟所说的"知性"能力,既包括感性知识的提炼,也包含实践道德的指导。

为印象；在印象这个名词中间，我包括了所有初次出现于灵魂中的我们的一切感觉、情感和情绪。至于观念（idea）这个名词，我用来指我们的感觉、情感和情绪在思维和推理中的微弱的意象。"①

在休谟看来，印象是心灵活动的源头，没有印象就不会产生观念。印象可以分为两种，一种是感觉（sensation）印象，一种是反省（reflection）印象，感觉印象关乎感觉，反省印象则生发于观念："第一种是由我们所不知的原因开始产生于心中。第二种大部分是由我们的观念得来，它们的发生次序如下：一个印象最先刺激感官，使我们知觉种种冷、热、饥、渴、苦、乐。这个印象被心中留下一个复本，印象停止以后，复本仍然存在；我们把这个复本称为观念。当苦、乐观念回复到心中时；它就产生欲望和厌恶、希望和恐惧的新印象，这些新印象可以恰当地称为是反省印象，因为它们是由反省得来的。这些反省印象又被记忆和想象所复现，成为观念，这些观念或许又会产生其他的印象和观念。因此，反省印象只是在它们相应的观念之前产生，但却出现在感觉印象之后，而且是由感觉印象得来的。我们的情感、欲望和情绪，就属于反省印象，其中大多数是由观念产生。"②

休谟认为在观念与印象两者中，印象更加生动和鲜活。"我们所有的感觉、激情和情感在初次激荡我们心灵时"，这些都可以算作印象。这里休谟将粗糙的感觉与强烈的激情都列入了"印象"的范畴，意在明确观念与印象的界限。两者相比之下，观念则是我们在思考和推理这些感觉与情感时形成的模糊概念。这两者的区别大致还是清楚的，印象是事物直接呈现在我们面前时，刺激我们的感官造成的感觉；观念则是这个感觉在我们心灵中的再现。印象产生观念，观念再现印象，并影响我们对印象的接收。

---

① 〔英〕休谟：《人性论》上册，第13页。
② 〔英〕休谟：《人性论》上册，第19页。

观念又有简单和复合之分。休谟强调每个简单观念都是源自最初的印象,复合观念是由相互关联的简单观念组成。然而,在我们的记忆中,却未必有过和它们相应的印象。休谟举例:"我能设想新耶路撒冷那样一座黄金铺道、红玉砌墙的城市,虽然我从来不曾见过这样一座城市。我曾见过巴黎;但是我难道就可以断言,我能对那座城市形成那样一个观念,使它按照真正的和恰当的比例完全复现那座城市的全部街道和房屋吗?"①

从这个例子中休谟引出了"记忆"(memory)和"想象"(imagination)这两种心灵的活动方式。观念无论是繁是简,都构成了记忆和想象这两种心理活动的主要内容。休谟认为,记忆与想象主要有两点不同:第一,通过记忆形成的观念要比通过想象形成的观念更加生动和强烈;其二,想象并不受限于原始印象的形式和顺序,而记忆却受到原始印象的严格限制,而且没有任何办法来改变这种情况。休谟的人性哲学中,讨论最多的心灵能力就是想象,尤其是"想象在改变观念的顺序和内容方面具有特殊的自由"。通过想象的作用,我们可以将各种观念组合在一起,从而对我们以前没有过印象的事物形成一个复杂的观念。休谟将心灵活动视作一个动态的过程,各种印象与观念相互联系,彼此影响,想象和记忆促进了这些因素交流的过程。那么各种观念和印象是遵循什么样的原则相互影响和组合的呢?休谟由这个问题入手,开始进一步探讨相似关系、相邻关系和因果关系。

休谟对"观念"和"印象"的阐释,实际上具有深刻的美学含义:首先,外在的世界如何再现在人的心灵中?纯然主观的观念与印象,如何与客观的外在世界发生联系?休谟指出个人的感受与情感,而非理性,才是沟通内在心灵与外在世界的桥梁,只有借助个人的真实经

---

① 〔英〕休谟:《人性论》上册,第15页。

验,方能对外在世界进行摹仿,随之塑造外在世界在心灵中引起的观念,进而在某种印象中去寻找此种观念的原型。休谟的哲学从心理学入手,指出瞬时的情感并非某种清晰成形的动机或思想,后来文艺小说中的心理描写就可以作一反例,其描述个人情感,实际上多为演讲或发议论,因为经过作者理性的整理,原先的情感实际上已经面目全非,同时意在说服别人,与内心的本来面目早已相去甚远。最初的情感体验是一动念,在脑子里一闪的时候最清楚深刻,而要找它的来龙去脉,则无迹可寻了。后世如乔伊斯的意识流小说,实际上颇能见出休谟关于印象的真意。其次,休谟强调,一切观念都源自最初的鲜活感受,这种感受直接即时地冲击心灵,在心灵上留下了不可磨灭的痕迹,各种观念都是这种感受的摹本。这两点虽然并非直接关乎艺术或审美问题,但对之后美学的发展也有着重要的影响,值得我们重视。同时,休谟在《人性论》的开篇如此强调观念与印象的"再现"(represent)特性,实际上为我们从美学视角去解读他的人性哲学打开了大门。

一、情感的源头

如前所述,休谟人性哲学中观念的源头是印象,而印象又借助观念在人的心灵中留存了副本,这两者的综合作用使得心灵具有了复现和创造的功能。休谟秉承了洛克的经验主义理路,力图阐释观念与感官交互影响的复杂作用。在本节中笔者试图论述休谟人性哲学中情感与经验的联系,以及情感在审美过程中对于经验的影响。

休谟认为,审美经验来自于愉悦和不快的直接情感,都源自"进入心灵时最强最猛的那些知觉,我们可以称之为印象"[①]。但通过休谟

---

① 〔英〕休谟:《人性论》上册,第13页。

的观念与印象的理论，我们可以推知，引发审美经验的可能是外在景物，即由直接的印象触发情感，也可能是某种艺术形式或是个人心中的想象，即由观念影响情感。休谟曾举过一个例子，一幅普通的绘画可能给人带来视觉愉悦，但一幅名家的画也许会引发鉴赏者对其他作品的回忆以及比较，从而达到一种全新的审美体验。休谟并没有就这个问题进行深入论述，但我们可以从他的哲学中提炼出一些相关的观点，由这些观点入手能够帮助我们更好地理解他的美学思想。

休谟对观念与印象之间关系的界定是其人性哲学的基础，而他的美学立论也是基于这种界定之上。前文已经介绍过，休谟将"美与丑"的情感视为"第二印象"中较为平静的一类，是由原始的苦乐感觉生发而来。"次生印象或反省印象，是直接地或由原始印象的观念作为媒介，而由某些原始印象发生的那些印象。第一类印象包括全部感官印象和人体的一切苦乐感觉；第二类印象包括情感和类似情感的其他情绪……反省印象可以分为两种，即平静的与猛烈的。对于行为、著作和外界对象的美和丑所有的感觉，属于第一种。爱和恨，悲伤和喜悦，骄傲与谦卑等情感属于第二种"①，因此，休谟认为："快感（pleasure）与痛感（uneasiness）不只是美与丑的必然伴随物，而且也是美与丑的真正的本质。"②

休谟的这段论述体现了他强烈的经验主义立场，在休谟看来，人的情感属于次生印象（secondary impression）或反省印象（impression of reflection），源自强烈的感官体验和苦乐之感，个人的苦乐体验，因此直接影响着他对事物以及自身的认识。而次生印象与观念的不同之处在于，观念是原始印象的摹本，而次生印象是受原始印象生发的产物，伴随着情感的即时产生，形成了一种独特的体验，因此我们能够

---

① 〔英〕休谟：《人性论》下册，第 309 页。
② 〔英〕休谟：《人性论》下册，第 334 页。

回忆起自己在高兴或生气时的经历,但却难以体验到那时的情感。情感属于反省印象,而理智则属于产生和复制观念的活动。根据休谟对观念与印象的阐述,观念可以在一定程度上复现印象,从而激发新的印象,休谟将审美的快感与幸福感并举,:

> 丑的本身产生不快;但是若把它和一个美的对象对比,而使美的对象益增其美,于是丑就使我们接受到一种新的快乐;正如在另一方面,美的本身产生快乐,可是它如果与一种丑物对比,而使丑物益增其丑,那种美就使我们接受到一种新的痛苦……直接观察他人的快乐,自然使我们感到快乐,因此,在与我们自己的快乐比较时,就产生一种痛苦。他的痛苦就其本身来考虑,使我们感到痛苦,但是却增加我们自己的幸福观念,并使我们感到快乐。①

从这一点出发,任何个人的印象都植根于此种经验发生的背景以及当时的个人心境,因此,要理解人心中的"美与丑",就需要追根溯源,还原个人进行审美体验时的具体情境。毕竟,只有最为鲜活的印象才能刺激和激发出情感,并在心灵中留下观念的摹本。在休谟眼中,任何审美的体验,最终都要落实为个人具体的观念与情感体验。这种情感因为个人经验背景的不同而千差万别,休谟在他后来的著作总结了这一观点:"同一对象所激发起来的无数不同的情感都是真实的,同为情感不代表对象中实有的东西,它只标志着对象与心理器官或功能之间的某种协调或关系;如果没有这种协调,情感就不可能发生。美不是事物本身的属性,它只存在于观赏者的心里。每一个人心

---

① 〔英〕休谟:《人性论》下册,第413页。

见出一种不同的美……"①

"美与丑"属于休谟所说的"次生印象",因此审美体验对人感官的冲击必然稍逊于原始印象。休谟在《论人类理智》中强调:"诗歌中的各种修辞不论如何精彩,也不能把自然事物描绘得使我们把那种描写当做真实的景致。最生动的思想与最迟钝的感觉相比,仍然是逊色的"②,休谟在《论悲剧》中也有类似的观点。然而,虽然审美体验对感官的刺激程度逊于原始印象,但仍然胜过观念和记忆。审美体验从何获得这种力量?原因在于审美体验需要观念与印象的交互作用,凝聚了个人的记忆和智慧,同时包含了个人在审美过程中投射的期待和情感。艺术家在创作时,他并非简单地复制某种事物,而是传达出自己的某种经验(包括他的情感与想象),因此个人在欣赏艺术的过程中,就获得了不同于自然景物的独特体验。我们在欣赏艺术的过程中,不仅仅是在用我们的感官去观察,同时也在用自己的生活经历,本能的爱憎、习惯、情感乃至个性去体验。你的经验和个性越丰富,艺术传递给你的内涵也就越丰富。

休谟的艺术理论体现了当时风行的艺术思潮,艺术不仅仅是在摹仿自然,更多是投入情感与智慧的创造。值得注意的是,"情感"在休谟眼中,虽然属于"次生印象",但是在与观念的配合之下,不仅可以产生新的印象,而且具有了评判的职责。我们回到《人性论》第2卷,休谟指出,"美或丑如果是在我们的身体上,那么这种快乐或不快必然转化成骄傲或谦卑,因为在这种情形下,它已具备了可以产生印象和观念的完全转移的一切必需的条件"③。因此,个人关于"崇高""优雅"

---

① 《人性的高贵与卑劣——休谟散文集》,杨适译,上海文艺出版社1988年版,第143页。

② 〔英〕休谟:《论道德原理 论人类理智》,周晓亮译,译林出版社2008年版,第154页。

③ 〔英〕休谟:《人性论》下册,第333页。

等的评判,实际上是通过情感来完成的。

休谟认识到,无论是美丑还是善恶的情感,都属于由外在印象衍生出的反省印象。前文已经论述过,印象分为受外在刺激而生发的外在印象(external impression),以及由个人心中原有观念产生的内在印象(internal impression),外在印象指向客观外在的世界,而内在印象则对应着个人的内在感受,是心灵对自己的内心活动进行直接的反省,因此又称"反省印象"。从这个角度来看,我们在施行善举或是审美体验时,个人的情感不仅仅是行动的驱动力,更是道德和美感的根源,因为,我们体验到的善恶美丑的情感,其根源都来自我们心中的经验与记忆。众所周知,休谟认为"自我"是一系列观念与印象的集合体,并由此指出,行为只是受情感驱使的产物,并非证明某种人格(character)的论据。"如果说任何行为是善良的或恶劣的,那只是因为它是某种性质或性格的标志。它必然是依靠于心灵的持久的原则,这些原则扩及于全部行为,并深入于个人的性格之中。任何不由永久原则发出的各种行为本身,对于爱、恨、骄傲、谦卑,没有任何影响,因而在道德学中从不加以考究。"① 由此休谟将情感上升为构建人格的基石,如果不植根于个人的真实所感,就无从探究个人的道德,更无法合理地驱动个人的行为。

休谟对于个人情感和经验的强调,一方面反映了当时英国逐渐盛行的个人主义,个人的情感日益得到张扬,而个人审美的体验涉及自己的整个经历与修养,因而也使得艺术的欣赏渐趋个人化,而非固守某些古典教条;从另一个方面来看,美与善的"情感"不仅仅关乎个人瞬间的感受,更构成了个人的性格特质,积淀为个人心中的观念,进而驱动个人的行为举止,因此审美和道德体验同样具有稳定性,这种体验的稳定性使得建立一种审美标准变得可能。不仅如此,美与善瞬间的

---

① 〔英〕休谟:《人性论》下册,第617页。

感受涉及与其相关的社会、历史以及伦理各方面的因素,因此要理解和评价情感,就需要对这些因素进行全面的考察,休谟后来大力颂扬具有健全知识的"理想批评家",与此也不无关联。

第二节 同情感

休谟在《人性论》中有关美学问题的阐述通常附属于其他的哲学论题,以贯彻说明他的哲学原理,而非以它们自身为目的。但"同情感"(sympathy)的问题对于休谟来说却有着独特的意义。首先,休谟将这个概念视作理解自己哲学的一个重要部分,涉及观念的沟通和共同感等重要问题。在哈奇生等人那里原先略显粗糙的"道德感"概念,通过休谟的研究,提炼为分支精细、概念分明的道德心理学体系,其核心即是同情原则。不仅如此,休谟以同情感作为道德根源和动力,"同情是我们对一切人为的德表示尊重的根源"[1]。实际上同情感是讲人们在相同的心理结构下彼此的一种换位思考的心理活动和机制。另外,同情感已经成为17世纪乃至18世纪一个颇具现实性的美学问题。无论是雅俗共赏的戏剧,还是曲高和寡的诗歌,乃至逐渐风行的小说,作者不得不考虑的一个问题就是,自己的作品如何感动观众?休谟是一位笃好文艺的启蒙主义思想家,他对艺术如何感染人心的问题有着自己的思考。总体来看,同情感集中了休谟对于观念和印象问题的发掘,体现了他独特的道德心理学体系,以及他对于文艺作用的论述,值得我们仔细研究。

休谟的同情原则是他美学思想的核心论题之一,前辈学人已经多

---

[1] 〔英〕休谟:《人性论》下册,第620页。

有涉及，而本章的主题是休谟美学中"情感"的作用，文艺"入人也深，其化人也速"，艺术借助"同情"方能奏效，因此在这节中笔者将主要说明休谟的同情原则与18世纪西方文艺相互发明的关系。休谟关于同情与美的本质之间联系的论述，笔者将在下一节中详加阐释。

一、观念的沟通

休谟将自己对"同情"问题的探讨放在了《人性论》第三卷中。众所周知，《人性论》第三卷是在前两卷"论知性"和"论情感"已经出版21个月之后才面世的，其主题是"论道德"。休谟在第三卷的开头回顾了哈奇生关于道德问题的一些观点，以此来说明，道德判断并非来自理智，其唯一的基础就是情感，然而道德情感又与普通情感不同，其具有一种独特的性质，使我们能够辨别善恶。从休谟的论述中我们可以看到哈奇生思想的印记，休谟甚至宣称自己只是在复述哈奇生的观点。

休谟尽管引述了哈奇生关于道德感的一些观点，但他与哈奇生最大的区别在于，哈奇生从道德感中引出秩序与正义，而休谟则指出，我们不会迫于自己的关切与慷慨心性而去偿还债务，在休谟看来，道德的理论应该将心灵的倾向与外部世界的性质结合起来。休谟选取了"同情"来作为其道德学说的基础原则，"一切观念都是由印象复现而得来"，因此"同情"也是借助"印象"发生作用。休谟详细论述其过程为："当任何感情借着同情注入心中时，那种感情最初只是借其结果，并借脸色和谈话中传来的这个感情观念的那些外在标志，而被人认知的。这个观念立刻转变为一个印象，得到那样大的程度的强力和活泼性，以至变为那个情感自身，并和任何原始的感情一样产生了同等的情绪。"①

从上面这段话中我们可以看出休谟将同情置于"论道德"主题之下的用意,在休谟看来,同情是借助观念的"标志"来发生作用的,这一类外在标志是社会的产物,受社会成员认同和规范,因而"同情正如其英文sympathy,其原义并不等于'怜悯',而是设身处地分享旁人的情感乃至分享旁物的被人假想为有的活动"②。换言之,同情是个人借助自己内心的观念与他人交流,进而与外在世界发生联系,因此"是一种承受于他人、影响于他人的判断,通过同情感的媒介在自己良心上的反射作用"③。休谟的同情原则有着独特的美学意味:一是人们不涉利害却能设身处地想象到对象的种种情感,因而自己也分享那种感受,这可以说是康德"审美无利害"的先声;二是休谟的同情原则,与18世纪新兴的文艺载体如小说产生审美体验的方式不谋而合,都是凭借虚构与想象来激发人的情感;三是18世纪以来,公众(public)的反应逐渐成为评判艺术的重要标准,公众口耳相传,彼此感染,进而形成某种约定俗成的共通感(common sense),休谟的"同情感"很好地概括了这一美学现象的心理基础。最后就其内蕴而言,"同情"一词还包含情感"共鸣"与"呼应"之意,休谟借此探讨了人们在彼此相处过程中换位思考的心理机制和能力,进而引申出人类成群结社、形成彼此相联的风俗秩序这一系列行为中蕴含的心理基础。

休谟的经验主义美学立场反映出了当时英国社会重视常识与规范,强调公民共享教育与艺术的特点,这种特性体现在了18世纪文化的广阔领域,尤其是文学方面。18世纪前半叶,英国社会安定,"人们

---

① 〔英〕休谟:《人性论》下册,第353页。
② 朱光潜:《西方美学史》,第223页。
③ 〔德〕文德尔班:《哲学史教程》下册,罗达仁译,商务印书馆2000年版,第699页。

通达大方地接受人性的精神，孕育出这个时代的许多艺术作品"[1]，在另一方面，观众的反应也逐渐成为18世纪美学的一个关键问题。有识之士如休谟、艾迪生等人都曾撰文指出，作者应该重视读者的想象对于艺术的作用。审美的体验如人饮水冷暖自知，公众也许鉴赏水平参差不齐，但其感受是真实不虚的。因此，如何激起读者的情感共鸣，是当时作者都必须面对的一个重要问题，众所周知，休谟的《人性论》前两卷问世之初如石沉大海，颇受读者冷落，休谟对于同情原则的探讨有多少是出于此考虑，我们就不得而知了。

另一方面，18世纪小说文体逐渐兴起，因其教化和娱乐的作用很快被以中产阶级为主的读者所接受。约翰逊博士曾经撰文谈小说创作，他认为小说"按真实情况表现生活，用世界上日常发生的事件来丰富生活，因而受人际交往中真实的情感与品格影响"[2]。英国小说的发展更迎合了读者对书写个人真实体验的新型文学的要求，代表人物有笛福、理查逊等人。笛福的作品如《鲁宾逊漂流记》使用了第一人称的叙述形式以及回忆录等写作技巧，从而给人一种完美的现实主义印象，能够使得读者产生身临其境的代入感。理查逊的"感伤小说"则胜在能激发读者的怜悯之情，从而达成道德教化的效果。感情的激发以及同情心的共鸣可以使社会变得更富人情。夏夫兹伯里提出慈善与同情是自然美德的表现，更是维系社会的情感基础，理查逊以及他的后继者们的感伤小说很好地践行了这一理论。

借助新兴的小说文体去与休谟的人性哲学相互印证，我们可以发现两者之间颇有契合之处，首先，传统的小说是虚构的艺术，而笛福、理查逊等小说家却反其道而行之，灵活运用第一人称叙述、书信以及

---

[1] 〔英〕斯蒂芬·琼斯：《剑桥艺术史：18 世纪艺术》，钱乘旦译，译林出版社 2006 年版，第 2 页。

[2] 〔英〕安德鲁·桑德斯：《牛津简明英国文学史》，谷启楠等译，人民文学出版社 2000 年版，第 213 页。

回忆录等方式来增强作品的真实性，其用意无非在于营造出一种动人心魄的"印象"；其次，小说的读者明知手中的读物是蹈空虚构之作，但仍然为之痴迷不已，原因就在于他们"相信"小说中的事件。借助休谟的人性哲学可以很好地解释这种"相信"，因为休谟认为这种"信念"归根结底属于人心中的观念，而观念则是强烈印象在人心中的复本，小说营造出的逼真场面结合人的想象，就能够激发出人们身历其境的情感体验。

另外，小说中塑造的人物和情节，无论如何曲折离奇，对读者而言，毕竟事不关己，读者为何对虚构人物的遭遇感同身受？休谟的同情原则阐释了人们如何通过情感的表达来沟通相互的观念，恰好解释了这个问题。在休谟的同情理论中，同情并不局限于怜悯之情，而是情感的共鸣，人们借助如语言、表情等情感的标志，对他人的情感可以感同身受，甚至代入自身的经历，从而体验到更为激荡的情绪冲击。因而从休谟哲学的角度来看，虚构的小说或戏剧并非是借助事件或情节来打动观众，而是通过展示"感情观念的那些外在标志"[①]来感染观众。休谟对这一原则言之甚详："一个悲剧诗人通过他所介绍进来的角色，表象出一长串的悲伤、恐怖、义愤和其他感情，而悲剧的观者也就随着经历了这一长串的感情。由于许多悲剧有幸运的结尾，而且任何精彩悲剧的写作总不免要包含运气的转变，所以观者必然同情所有这些变化，而体会到那种虚构的喜悦、以及其他各种的感情，从而激发起观众的强烈共鸣。"[②]休谟借由对悲剧的论述推出，"一切人类都因为互相类似与我们有一种关系。他们的人格、他们的利益、他们的情感、他们的痛苦和快乐，必然以生动的方式刺激我们，而产生一种与原始情绪相似的情绪；因为一个生动的观念很容易转化成为一个印

---

① 〔英〕休谟：《人性论》下册，第353页。
② 《人性的高贵与卑劣——休谟散文集》，第180页。

象。这一点如果是一般地真实的,那么对于苦恼和悲哀来说就更是如此。这些情感比任何快乐或愉快总是有一种更为强烈的、更为持久的影响"①,这也就是我们可以与艺术中虚构的角色同喜同悲的原因所在。

休谟由此道出了"同情"的原则:"(悲剧中的)这些情感既是首先出现于一个人的心中,然后才出现于别人的心中,而且就这些情感的出现方式而论,它们在各种情形下都同样地先是观念,后是印象,所以那种推移必然是由同一原则发生。"②因此同情不仅仅是个人的情感体验,更能够糅合印象与情感,使得"一个观念借想象之力向一个印象转化"。在这个转化的过程中,"印象和情感则可以完全合并,并且像各种颜色一样,可以完全混和起来,以致它们各自可以隐而不显,而只是使由全体而发生的那个统一印象有所变化"③。最后,同情因其运作的原理,也成为我们反思自身的基础。因为,"在同情中,一个观念显然转化为一个印象。这种转化发生于对象与我们自己的关系。我们的自我永远密切地呈现于我们"④。我们只有借由自身,才能理解他人的意见与情感,另一方面,只有通过他人的情感与意见,我们方能更好地审视自身。

综上所述,休谟所论述的同情原则包括三个环节:一是他人情感的外在表现,二是凭借情感的外在标志引发我们心中的观念,三是观念向情感印象的转化。休谟认为,我们的审美尤其离不开同情的作用,"我们在任何有用的事物方面发现的那种美,就是由这个原则发生的"⑤。休谟在各种著述中频频引用悲剧、小说以及绘画等艺术来解

---

① 〔英〕休谟:《人性论》下册,第 406 页。
② 〔英〕休谟:《人性论》下册,第 407 页。
③ 〔英〕休谟:《人性论》下册,第 403 页。
④ 〔英〕休谟:《人性论》下册,第 356 页。
⑤ 〔英〕休谟:《人性论》下册,第 618 页。

释同情原则,更加体现了休谟美学与18世纪艺术的密切关系,值得我们深入研究。

二、观念的联结(Association of ideas)

休谟的审美理论很大程度建立在他的同情说之上。休谟认为,我们体验到的美感,大多数情况下是根据同情原则发生的。我们通过接受他人传递的情感印象,从而激发自己心中的观念,进而产生独特的审美体验。休谟的同情理论暗含着他的另一认识论原则,即观念的联结原则,如果缺少了这种原则,那么情感印象的传导就会沦为无序的心理活动,整个审美乃至认识过程也将陷入混乱。

观念的联结是18世纪哲学的一个主要课题,休谟更多是将其视为一种心理的本能:

> 显而易见,观念的联结是那样默然地和不知不觉地进行的,以致我们很难加以觉察,而我们只是借其效果,而不是借任何直接的感觉或知觉来发现这种联结的。这种联结并不产生任何情绪,也不产生任何一种新的印象,而只是改变心灵先前所具有而可以临时唤起的那些观念。①

休谟表述得很清楚,观念的联结并不产生观念与印象,但这并不意味着观念的联结是纯粹偶然的产物,不遵循一定的原则。相反,观念彼此联结的方式规范着心灵的运行,同时体现着心灵运行的规律。休谟凭借观念的联结引出了"想象"(imagination),想象不是凭空无稽的玄想,而是遵循一定规律,基于个人经验记忆的再创造。一方面,

---

① 〔英〕休谟:《人性论》下册,第340页。

想象可以摆脱感官认识的局限,将个人的观念进行独特的组合,"想像可以自由地移置和改变它的观念……任何东西都没有这个官能那样自由"①;而在另一方面,想象受到某种普遍原则的约束与规范,"这个官能如果不是受某些普遍原则所支配,使它在某种程度上在一切时间和地点内都可以保持一致,那么,这个官能的各种作用将成为最不可解释的了"②。休谟指出了支配想象过程的三种性质:"产生这种联结,并使心灵以这种方式在各个观念之间推移的性质共有三种:类似、时空接近、因果关系。"③观念凭借着这三种性质相互联结,并且随着观念的结合与推移,由此产生出不同的情感印象。

休谟所说的"类似、时空接近、因果关系",这三者并不是某种空洞的性质,而是对个人具体经验的提炼与归纳。由此休谟赋予想象某种具体的规律,认为想象会受到个人实际感受与认识的影响,不再是某种不受约束的幻想,而是基于个人经验与记忆的一种形象思维:

> 显然,在我们的思维过程中,在我们观念的经常的转变中,我们的想像很容易地从一个观念转到任何另一个和它类似的观念,而且单是这种性质就足以成为想象的充分的联系和联结的原则。同样明显的是,由于感官在变更它们的对象时必须作有规律的变更,根据对象的互相接近的次序加以接受,所以想象也必然因长期习惯之力获得同样的思想方法,并在想它的对象时依次经过空间和时间的各个部分。④

休谟的观点与英国文坛大家约瑟夫·艾迪生颇为类似,艾迪生将

---

① 〔英〕休谟:《人性论》上册,第22页。
② 〔英〕休谟:《人性论》上册,第22页。
③ 〔英〕休谟:《人性论》上册,第22页。
④ 〔英〕休谟:《人性论》上册,第23页。

想象的愉悦定义为间接愉悦,即景物不在眼前时通过回忆感受到的快感,或是自己虚构出某种令人惬意的景象而获得的愉悦。休谟对想象的论述则更加深入,他认为,想象原本是个人遵循观念联结原则的认识过程,但想象受到个人情感体验的主导,以此为材料生发出的印象与观念自然带有个人独特的情感印记,因此想象不仅是认识的过程,更具有表现情感的功用。

休谟举例说明:

> 我们只须考究高峰和深渊对想象的影响,就可以相信这一点。任何一个高峰都传来一种骄傲,或使想象有崇高之感,并使人幻想比下面的人高出一等;反过来说,也是一样,一种崇高而强烈的想象也传来上升和高超的观念。因此,我们就可说是把一切好的东西的观念和高的观念结合起来,并把坏的东西的观念和低的观念联系起来……美德、天才、权力和财富,就和高超与崇高结合起来;正如贫穷、奴役和愚蠢是和低下与卑微结合着一样。①

进而言之,个人可以通过观念的联结创造出自己独特的审美意象,这种意象植根于具体的文化背景与个人体验,休谟将这种因人而异的意象称为"样态"(mode)。在休谟看来,美与艺术都属于某种样态,每个人心中都存有具体的样态如特定的美与艺术,源自各人不同的观念组成。虽然样态也许享有同样的名称,但其内涵则是千差万别的,因为其决定于不同主体的体验与背景:"构成样态的那些简单观念所表象的性质不是被接近关系和因果关系所结合,而是分散于不同的主体中的;或者,这些观念即使都结合在一起,而那个结合原则也并不

---

① 〔英〕休谟:《人性论》下册,第474页。

被认为是那个复合观念的基础。跳舞的观念是第一种样态的例子,美丽的观念是第二种样态的例子。"①

值得注意的是休谟于此举出的两个例子,乍看之下颇显不伦不类,但实际上很有意味。这里的"跳舞"更多是指一种18世纪风行的社交礼节,而非"舞蹈"艺术,这类礼节有着独特的规程,对舞者位置、脚步以及节拍都有着严格的规定,因而参与其中的舞者需要遵循各自的规则,每个人的脚步、节拍不尽相同而又能相互协调配合,这才构成了一套完整的"跳舞"样态。休谟坦承自己在社交场合十分"怕难为情",想必对舞场的繁文缛节印象颇深,大概因此才选择跳舞为例。休谟由此引出了美的样态问题,他认为,即便美包含着"效用""快感""适意"等多种观念的联结,但实际上,美源自于各人心灵自由的想象,"哪个结合原则也不能被认为是那个复合观念的基础",类似、接近以及因果的原则并无法决定美的构成,更不能将美与其涵盖的诸观念随意联系,得出"效用导致快感"之类的武断结论。

休谟造出"样态"这一概念来说明观念的联结,其用意在于说明个人经验的普遍性与共通性。经验论的理论起点就是个人独有的感觉体验,休谟并没有否认这一点,反而更加强调这种感觉为一系列特殊的情感所造成,其生发于具体而独特的因素、条件和环境之中。但我们的经验之所以普遍,是因为我们在经验中体验到的快乐或痛苦的情感大致是可以相通的。换言之,即便我们经验的结构构成千差万别,但其给予我们的体验是相同的。我们的审美体验与具体的对象的联结已成过去,但是它却引起了我们心灵中几个因素的结合,这几个因素都是那个已经消逝的经验中原有内容经过观念化的摹本,这就是休谟所说的"样态"。因此新的审美对象虽然确非原先给予我们美的愉悦的对象,但我们对它的感受却与原来的体验有相当的重合,换言之,现

---

① 〔英〕休谟:《人性论》上册,第27页。

在的审美感受与过去的审美体验在某些观念上的类似，又引发了原来样态的回应。休谟的观念联结理论因此而具有了两个层次：首先，只有某种普遍性或是共通性，才能引发观念间的彼此联结；其次，在观念的联结形成之后，新的感受与观念会唤起原先的心理结构，给予其具体的细节，这些新鲜的感受又将观念的普遍性重新特殊化了。休谟通过观念的联结理论，既指出了个人观念的普遍性，强调心理结构的一致性是观念联结和想象的基础，又点出了情感体验对于个人心理的激活作用，只有最鲜活的体验，才能激发我们的想象和创造。

三、共通感

休谟的"同情说"结合了传统经验论哲学与自己独特的心理学理论，将个人的情感与人类普遍的感觉联系了起来。我们的审美体验需要他人的同感、他人的共鸣来证明，这就引出了"共通感"。休谟更多是站在感官经验的角度上解释共通感的，如果我们的感官体验是观念的基础，而观念又能转化为印象在人与人之间相互感染沟通，那么实际上共通感涵盖了各种感官印象与观念，"印象和情感则可以完全合并……它们各自可以隐而不显，而只是有助于使由全体而发生的那个统一印象有所变化"①。休谟对于共通感如此处理，与他建立在观念与印象之上的认识论一脉相承，使得他的人性哲学更加系统清晰。后来康德将共通感精辟地解作审美判断必须先验假设的前提，即"一切人对于一个判断的赞同的必然性"②，这个观点明显带有休谟的影响。

休谟的共通感首先基于其观念联想的理论，这个理论认为，我们

---

① 〔英〕休谟：《人性论》下册，第403页。
② 〔德〕康德：《判断力批判》，宗白华译，商务印书馆1985年版，第75页。

对自己亲友远比对陌生人更容易产生同情，因为"观念需要借助于那种使它接近于印象的活跃性，才能发挥影响，所以那些有最多的条件加以促进、并且有变为强烈而生动的自然倾向的观念，就极其自然地要发生那种影响"①。换言之，共通感并非涉及利害或是亲缘关系，亲友之所以更能激发我们的同情，是因为他们与我们自身更加接近，我们对他们的人格与性情更为了解，因此更能产生共鸣，这符合休谟的观念联想原则，"类似和接近总是产生观念关系；你如果消灭了这些联系，其他偶然事件即使可以把两个观念结合在一起，但由于没有任何链索或起联系作用的性质在想象中把它们结合起来，所以两个观念便不能长期结合在一起，或彼此互相有重大的影响"②。

休谟从这些关系出发，将人性的原则分为同情原则与比较原则。同情使得情感在不同主体间转移，而比较则是情感之间相互的对比。这两种原则彼此间的影响消长，影响着我们具体的情感体验。休谟举例说明：

> 假如我现在安然住在陆地上，并愿意由这个考虑得到一种快乐：我必须设想那些在海上处于惊涛骇浪中的人们的可怜状况，而且必须力求使这个观念变得尽量强烈而生动，以便使我更加感觉到我的幸福。不过不论我作多大的努力，那种比较所有的效果永远不能像我真正立于海岸上，遥望远处一艘孤舟在风暴中颠簸，时刻有触石或触礁而沉没的危险时那样。但是假如这个观念变得更加生动些，假如那艘船被风刮得十分靠近我，我清清楚楚地看到海员们和乘客们面部的惊慌表情，听到他们的悲号哭泣，看到最亲爱的亲友们在作最后的诀别，

---

① 〔英〕休谟：《人性论》下册，第396页。
② 〔英〕休谟：《人性论》下册，第415页。

或是互相拥抱,决心一块儿沉没;没有人能够有那样野蛮的心情,以至由那种景象中得到任何快乐,或是抵拒住最慈爱的怜悯和同情的激动。①

休谟不仅解释了同情原则,更点出了审美判断中蕴含的共通感前提。当我们将一个事物称作美的时候,我们不仅仅是为自己这样判断,也是为每个人这样判断,我们也只有怀着"人同此心,心同此理"的观念,才能体验到同情的作用。但如果过于投入他人的情感中去,这种涉及主体的强烈情感又会丧失审美的愉悦,因此审美过程中应该保持一个合适的欣赏距离,让心灵既能够充分发挥主体的想象和鉴赏力,又能完全感知审美对象的各种特质(休谟的这个观点与后来布洛的"心理距离"说颇有相似之处,两人的举例也如出一辙,都是以海为例)。因此,共通感不仅是相似情感的传导与感染,更是我们借助心灵中的观念对印象进行反思与修正的普遍能力:

> 外在的美也只决定于快乐;可是,显而易见,一个美丽的面貌在二十步以外看起来,不能给予我们以当它近在我们眼前时所给予我们的那样大的快乐。但我们并不说,它显得没有那样美了;因为我们知道,它在那个位置下会有什么样的效果。通过这种考虑,我们就改正了它的暂时现象。②

休谟借此将同情原则乃至共通感视作美感与道德感共同的基础,"除了同情原则之外,不再有什么其他东西使我们尊重权力和财富,鄙视卑贱和贫困;借着同情作用,我们才能体会富人与贫人的情绪,而

---

① 〔英〕休谟:《人性论》下册,第637页。
② 〔英〕休谟:《人性论》下册,第624页。

分享他们的快乐与不快"①,"这些情感既是首先出现于一个人的心中,然后再出现于别人的心中"②。休谟并不是将同情简单地视作情感的传导,而实际上具有对他人情感与境遇反思的意味。休谟在后来的《论道德原理》中不再拘泥于解释同情的运行机制,而是更多将其作为人性固有的一种原则,一种"自然倾向"来看待:

> 我们没有必要把我们的研究深入到探讨为什么我们会对他人有同情心的问题,只要知道这是我们所经验到的人性的一个原则就够了。我们在探讨原因时必须适可而止。在每一科学中,都有某些基本原则,超出他们之外,我们无望发现更普遍的原因。对于他人的幸福与苦难,任何人都不会绝对无动于衷。他人的幸福具有使人快乐的天然倾向,他人的苦难具有使人痛苦的天然倾向。这种情况每个人都可以在自身中看到,这些原则不大可能再分解为更加简单的原则。我们可以在此稳妥地把这些原则当成是原始的原则。③

然而休谟的共通感似乎无法解释审美问题,因为我们与小说或戏剧中虚构的角色并无关系,却何以能与他们同喜同悲呢?这仍然要回到休谟的同情原则上,在他看来,同情是印象的即时复现,虚构的艺术角色之所以能够引发我们的共鸣,是因为其角色和情节的典型性和浓缩性,"一个悲剧诗人通过他所介绍进来的角色,表象出一长串的悲伤、恐怖、义愤和其他感情……而且任何精彩悲剧的写作总不免要包含运气的转变,所以观者必然同情所有这些变化,而体会到那种虚构

---

① 〔英〕休谟:《人性论》下册,第400页。
② 〔英〕休谟:《人性论》下册,第407页
③ 〔英〕休谟:《论道德原理 论人类理智》,第48页。

的喜悦、以及其他各种的感情"①。

休谟在《论道德原理》中从观众、作者以及演员各个角度论述了审美过程中同情的作用：

> 当一个人走进剧场，看到那么多人在一起，共同欢乐，立刻就会被这个景象打动。他从人们的神情上，体验到了他和他的同伴共享的各种情感所引起的快感或情致。他看到，演员们会因观众爆满的场面而激奋起来，从而达到他们在孤独和安静中无法达到的热情。由技巧熟练的诗人所写的剧情的每一变化，都会魔术般地传达给观众，他们哭泣、颤抖、抱怨、欢乐，沉浸在剧中人所经受的各种激情中。②

在休谟看来，艺术实际上能够更好地调动起我们的同情与共通感，因为"诗歌的作用就在于通过生动的想象与描写，使各种感情贴近我们，并使之看上去好像是真的和实在的。这确凿地证明，不论那种实在性是在何处发现的，我们的心灵都易于受到他的影响"③，因为作者巧妙地提炼了各种能够激发我们情感的元素，并妙手加以安排，这才使得我们身历其境，感同身受。从这个角度来看，休谟认为，成功的艺术不应该再拘泥于模仿外在世界，而应该真实表现人心中的情感，这一观点与后来风行欧洲的浪漫主义艺术思潮颇有契合之处。

休谟于此还明确区分了受艺术感染而产生的审美体验与实际感受，审美体验是由同情产生的，而且时常与现实利益相抵触："我们无法想象，一个实在的情感怎么能够从明知是想象的利益中产生出来，尤其是当我们的现实利益就在眼前，而且我们经常承认，实际的利益

---

① 〔英〕休谟：《人性论》，第406—407页。
② 〔英〕休谟：《论道德原理 论人类理智》，第49页。
③ 〔英〕休谟：《论道德原理 论人类理智》，第50页。

与想象的利益是完全不同的,有时候甚至是完全相反的。"①但同情与共通感并非单纯的想象,而是基于我们对自身乃至他人经验深刻的体会与反思,"我们越是习惯于精细地考察道德,我们就越是敏锐地感受到恶与德之间最细微的差别"②,在这个基础上,"我们对公众的全部关心都可以归结为对我们自己的幸福和自保的关心"③。共通感既代表了人们的一种认知和反思能力,以及心理上对他人的期待与认同,同时又是我们真实体验到的某种感觉。休谟借助同情与共通感,将人们对善和美的追求与公共福利的感觉联系起来,由于这种普遍的共通感与人们具体的情感体验以及实际生活分不开,因而它所达到的普遍性也是具体的。

第三节 美的分析

休谟对美的论述散见于他的《人性论》《论道德原理》各篇章以及他的短篇杂论中,不乏深刻而锐利的洞见。而许多论者认为其观点失之散乱,没有形成完整的美学体系。笔者认为,休谟论美的观点植根于他一贯的经验主义哲学体系,通过对美之本质以及效用的论述,休谟将自己的人性哲学认识论与伦理学联系了起来,因此理解休谟关于美的观点,对于我们更为深刻地理解休谟乃至经验主义哲学思潮,都有着重要的意义。

正如卡西尔后来所说的:"美看来应当是最明明白白的人类现象之一。它没有沾染任何秘密和神秘的气息,它的品格和本性根本不需

---

① 〔英〕休谟:《论道德原理 论人类理智》,第45页。
② 〔英〕休谟:《论道德原理 论人类理智》,第45页。
③ 〔英〕休谟:《论道德原理 论人类理智》,第46页。

要任何复杂而难以捉摸的形而上学理论来解释。"①美就是人类经验的组成部分,它植根于个人确凿无疑的感受与体验,这也是休谟论美的出发点。休谟曾经指出:"美不是事物本身的属性,它只存在于观赏者的心里",这个观点经常被论者引用,以证明休谟主观美学的立场。在《人性论》中休谟明确指出,美是无法下定义的,而只能借着一种鉴别力或感觉为人所感知,他实际上已经超越了"美是客观性质"和"美是主观感觉"这样的区分,而充分发掘出审美主体性的双重内涵。②"休谟努力促成的是从一种主观(主观认识)到另一种主观(主观情感)的过渡,从而在一个更为彻底的认识论基础上颠覆了客观美学。"③

一、美与情感

休谟将关于"美与丑"的论述放在了《人性论》的第二卷中,众所周知,《人性论》第二卷的标题是"论情感",休谟之所以如此安排章节,其用意在一定程度上也是试图将他哲学中的情感理论推广运用到审美以及艺术鉴赏的剖析中。

休谟对于美的定义相当著名:"美是一些部分的那样一个秩序和

---

① 〔德〕恩斯特·卡西尔:《人论》,甘阳译,上海译文出版社2000年版,第175页。
② 李泽厚先生曾经指出,"主体"概念包括有两个双重内容和含义,第一个"双重"是:它具有外在的即工艺—社会的结构面和内在的即文化—心理的结构面。第二个"双重"是:它具有人类群体(又可区分为不同社会、时代、民族、阶级、阶层、集团等等)的性质和个体身心的性质。这四者相互交错渗透,不可分割,而且每一方又都是某种复杂的组合体。见李泽厚:《关于主体性的补充说明》,《中国社会科学院研究生院学报》1985年第1期,第14页。
③ 易中天:《破门而入——美学的问题与历史》,复旦大学出版社2004年版,第65页。

结构，它们由于我们天性的原始组织、或是由于习惯、或是由于爱好、适于使灵魂发生快乐和满意。这就是美的特征，并构成美与丑的全部差异，丑的自然倾向乃是产生不快。因此快乐和痛苦不但是美和丑的必然伴随物，而且还构成它们的本质。"① 许多论者以此声称，休谟的美学观点属于"主观主义"，但实际上这种做法多少有断章取义之嫌，我们应该将这段话放在《人性论》的整体中去解读。

休谟在这一卷中首先对印象进行了分类：

> 正像心灵的一切知觉可以分为印象和观念一样，印象也可以有另外一种分类，即分为原始的和次生的两种。……所谓原始印象或感觉印象，就是不经任何先前的知觉，而由身体的组织、精力、或由对象接触外部感官而发生于灵魂中的那些印象。②

在休谟看来，美与丑属于次生印象或反省印象，即情感的范畴："反省印象可以分为两种，即平静的与猛烈的。对于行为、著作和外界对象的美和丑所有的感觉，属于第一种。爱和恨，悲伤和喜悦，骄傲与谦卑等情感属于第二种。"③ 休谟没有急于定义"美是什么"，而是基于他一贯的人性哲学，从个人的经验入手，一步一步探讨关于美的体验。

在休谟看来，情感的产生同时涉及主客体两方面的原因，"我们必须区别这些情感的原因和对象……呈现于心灵的第一个观念就是一个原因（或产生原则）的观念。这个观念刺激起与之相关的情感来；那种情感一经刺激起来，就把我们的观点转到另一个观念，即自我观

---

① 〔英〕休谟：《人性论》下册，第334页。
② 〔英〕休谟：《人性论》下册，第309页。
③ 〔英〕休谟：《人性论》下册，第310页。

念。因此，这里就有一个情感处于两个观念之间，其中一个是产生情感的，另一个是被情感所产生的。因此，第一个观念表象着情感的原因，第二个观念表象着情感的对象"①。这个观点与休谟在《人性论》第一卷中对于观念和印象的论述是一脉相承的。因此，美的情感也涉及两个方面的要素：第一是审美客体的特殊性质与结构，可以引发我们的愉悦或不快；但另一方面，我们心中的自我观念将情感的对象引向我们自身，以此来增加审美时的快感，并创造出新的审美观念，奠定我们审美的心理基础。只有这两方面要素结合起来，才能触发我们心中审美的愉悦：

> 不论我们把身体认为自我的一部分，或同意那些把身体看作外在物体的哲学家们，我们仍然必须承认身体与我们有足够近的关系，足以形成骄傲与谦卑的原因所必需的（如我所说）这些双重关系之一。因此，只要我们发现了另一个印象关系和这个观念关系联结起来，那末我们随着那个印象是愉快的或不快的，就可以可靠地预期这些情感之一的发生。但是各种各样的美都给与我们以特殊的高兴和愉快；正如丑产生痛苦一样，不论它是寓存于什么主体中……②

休谟在《论怀疑派》中举例说明："欧几里得曾经充分说明了圆的每一性质，但是不曾在任何命题里说到圆的美。理由是明显的，美并不是圆的一种性质。美不在圆周线上任何一部分上，这圆周线的部分和圆心的距离都是相等的。美只是圆形在人心上所产生的效果，这人心的特殊构造使它可感受这种情感。如果你要在这圆上去找美，无论

---

① 〔英〕休谟：《人性论》下册，第312页。
② 〔英〕休谟：《人性论》下册，第333页。

用感官还是用数学推理在这圆的一切属性上去找美,你都是白费气力。"①在休谟看来,美的产生是基于我们内在的心理结构与外在客体的应和。②

换言之,在休谟看来,纯粹的美感是不存在的,美感和其他各种印象一样,必然和其他的印象与观念相联结。然而美感的独特之处在于,它是沟通我们自身与外在世界的桥梁,为外来的感官刺激赋予特定的意义,并能将自我的感情投射到外物上。从此处我们也可以看出休谟对于洛克式的传统经验主义哲学的修正,洛克强调感觉是经验的基础,人心是一张白纸,而休谟指出没有单纯的感觉可言,任何感觉都是某种印象,伴随着特定的心理感受和意蕴,美感尤其是这种感受和意蕴的浓缩,是个人经验经过沉淀和提炼的精华。休谟由此强调只有"人性的本来的构造"与对象的某种"秩序和结构"两方面相互配合,才能产生审美的快感。

休谟强调,美可以在我们心中激发最为强烈的情感(骄傲),从而将原先对外在客体的审美转向对自身素质的欣赏。他举例说明:"一个人对属于自己的美丽的房屋,或自己所建筑和设计的美丽的房屋,感到得意。这里,情感的对象就是他自己,而其原因则是那所美丽的房屋。"③在这个过程中,情感所起的作用不仅是传达和表现个人的感受,更重要的是构筑了一个物我交流的情境。在强烈情感的冲击下,个人能够直接审视心灵中的观念,而艺术正可以激发这些观念,使其更加鲜活和动人心魄。休谟在《人性论》中没有太多涉及具体艺术的论述,为了保持行文的连贯,笔者将在后面的章节中详细探讨休谟论及具体艺术的篇章,本章还是集中于休谟的人性哲学与美学思想。

---

① 《人性的高贵与卑劣——休谟散文集》,第10页。
② 《人性的高贵与卑劣——休谟散文集》,第11页。
③ 〔英〕休谟:《人性论》下册,第313页。

二、美与观念

休谟有一个关于美的观点流传甚广:"美不是圆本身的一种性质……美只是这种曲线形状在人心中产生的作用。"①这样的观点为休谟引来不少诸如"极端的主观唯心主义和相对主义"的诟病,但通过前文所论述的休谟哲学中"同情"以及"想象"等原则,我们可以看出,休谟认为个人的体验中有相当的社会因素存在,要理解个人的经验,就必须考虑他人、社会乃至传统的影响。在休谟看来,我们对美的感受也是如此。只有借助同情与想象,才能更好地传达和感受自我的体验,因此在休谟的美学中,交流和通感构成了个人审美经验必不可缺的一部分。

休谟认为,"不论记忆的观念或想像的观念,不论生动的观念或微弱的观念,若非有相应的印象为它们先行开辟道路,都不能出现于心中"②。因此,同情与想象的作用,在于促使我们产生情感以及激情一类的印象,激发我们心中原先的观念。休谟将观念分为两类:"我们从经验发现,当任何印象出现于心中之后,它又作为观念复现于心中,这种复现有两种不同的方式:有时在它重新出现时,它仍保持相当大的它在初次出现时的活泼程度,介于一个印象与一个观念之间;有时,印象完全失掉了那种活泼性,变成了一个纯粹的观念。以第一种方式复现我们印象的官能,称为记忆(memory),另一种则称为想像(imagination)。"③这两种观念对我们的感受和认识的影响是截然不同的,"记忆的观念要比想像的观念生动和强烈得多,而且前一种官能比后一种官能以更为鲜明的色彩描绘出它的对象。当我们记忆起过

---

① 《人性的高贵与卑劣——休谟散文集》,第10页。
② 〔英〕休谟:《人性论》上册,第21页。
③ 〔英〕休谟:《人性论》上册,第20页。

去任何事件时，那个事件的观念以一种强烈的方式进入心中；而在想象中，知觉却是微弱而低沉，并且在心中很难长时间保持稳定不变"①。休谟于此强调的是，观念复现印象的强度，决定着观念作用于我们心灵的方式。这实际上就赋予了情感相当的认知地位与功能：一方面，情感属于第二印象，能够驱动心灵中的观念；另一方面，情感的强度直接影响着观念的运行方式。结合这两方面来看，情感实际上就代表着人的主观感知能力。

如前所述，休谟认为情感的产生源自于观念与印象之间的联系，观念（尤其是自我观念）与印象相互联结和影响，导致了情感的推移与转化。但美感与其他情感相比，其独特之处在于它可以超脱于"自我"观念而产生作用。多数伴随着快感的情感体验往往因其关涉主体本身，因而有迹可循。美感却超乎众类，可以不依赖与自我观念的联结，于不经意之间让我们产生愉悦。"各种各样的美都给与我们以特殊的高兴和愉快；正如丑产生痛苦一样，不论它是寓存于什么主体中，也不论它是在有生物或无生物中被观察到。②"正是因为美感摆脱了对主体的依赖，因此使得个人可以直观地洞察心灵所产生的感受与情感，从这个角度来看，个人的美感涉及的是自身感性认识的完善与超越，后来的鲍姆嘉通比休谟更加明确地提出了这一观点，但休谟关于美感的论述，的确打开了西方近代美学的大门。

休谟将美感理解为一种较为平静的情感，无法如骄傲等强烈情感一样借助观念与印象的双重关系刺激心灵，但美感实际上可以感知对象的秩序与结构，并且引导"人性的本来的构造"或"心理器官或功能"与外在对象相互应和。③与此同时，"同一对象所激发起来的无数不同的情感都是真实的，同为情感不代表对象中实有的东西，它只标

---

① 〔英〕休谟：《人性论》上册，第20页。
② 〔英〕休谟：《人性论》下册，第333页。
③ 〔英〕休谟：《人性论》下册，第334页。

志着对象与心理器官或功能之间的某种协调或关系;如果没有这种协调,情感就不可能发生。美不(仅仅)是事物本身的属性,它存在于观赏者的心里"①,这一段话说明美离不开主观与客观的协调配合。对审美对象的秩序与结构的感知,以及这种感知留存下来的观念,同样是美感必不可缺的构成要素。

传统经验主义美学对"快感"(pleasure)的强调,是其理论的创新之处,然而这一点在当时也颇为人所诟病,休谟于此则能做到不过不失。休谟在《论道德原理》的开篇强调了自己进行情感研究的原则:"我们将对构成我们通常所谓人格价值的精神品质之复杂性作出分析:我们将考察心灵的每一个属性,每一个有关的习惯,情感或官能。"②休谟坚持,任何离开人类具体经验的概念界定,都是空洞无益的,快感也是如此,要想深入地探究快感,就不能不论及这个概念涵盖指涉的各种感受,并对其进行归纳:

> 显而易见,在快乐这个名词下面我们包括了很不相同的许多感觉,这些感觉只有那样一种疏远的类似关系,足以使它们可以被同一个抽象名词所表示。一个美好的乐章和一瓶美好的酒同样地产生快乐;而且两者的美好都只是由快乐所决定的。但是我们就可以因此而说、酒是和谐的或音乐是美味的么?同样,一个无生物,或任何人的品格或情绪虽然都可以给人快感;但是由于快感不同,这就使我们对于它们而发生的情绪不至于混淆,并使我们以德归之于一类,而不归之于另一类。③

---

① 《人性的高贵与卑劣——休谟散文集》,第144页。
② 〔英〕休谟:《论道德原理 论人类理智》,第7页。
③ 〔英〕休谟:《人性论》下册,第512页。

休谟举出音乐与美酒的例子，用意有两层：其一是指出人的感受千差万别，美酒与音乐给人带来的快感截然不同，原因在于美酒和音乐触发了个人不同的感官，并激发了心灵中相应的观念，两者在感受上泾渭分明；另一层意思则是，尽管美酒与音乐带给人的感受不同，但人们可以通过自身的情感体验，以及语言和习俗对这种类似的感受进行归纳。虽然各种感官以及各人的感受会有所差异，但因为这种归纳建立在个人真实的体验之上，如人饮水，冷暖自知，因此这种个人体验实际上已经伴随着理性的自省以及选择等因素，不再是被动的感觉，而带有主动判断的意味，"一个听觉精细而能自制的人却能分开这些感觉，而对值得赞美的加以赞美"①。

现在我们再来看休谟关于美的这段论述，就不会觉得与他一贯重具体感受的理论前后矛盾了：

> 如果我们考察一下哲学或常识所提出来用以说明美和丑的差别的一切假设，我们就将发现，这些假设全部都归结到这一点上：美是一些部分的那样一个秩序和结构，它们由于我们天性的原始组织、或是由于习惯、或是由于爱好，适于使灵魂发生快乐和满意。②

通过前文的论述，我们可以看到休谟论美的几个观点：首先，休谟将审美体验看作个人的天性、习惯以及爱好与外在审美对象发生应和的过程，在此过程中人们感受到快乐与满足。我们体验到这种快感，因而将美赋予了对象，而非对象生来带有某种美的属性。其次，在休谟的认识论中，"我们天性的构成，习惯或是爱好"，实际上都可

---

① 〔英〕休谟：《人性论》下册，第513页。
② 〔英〕休谟：《人性论》下册，第333—334页。

以归结于观念,美感的发生更取决于个人心灵中的观念。每人心中的观念构成不同,与外在对象的协调呼应方式也自然大相径庭,但不妨碍各人将自身体验到的快感归结于统一的美之上。由此看来,休谟认为,审美实际上是一个复杂而偶然的体验过程,"美"之本质取决于个人的情感,但这种体验受各种因素的影响。感官能力、风俗习惯或是个人爱好都可能将审美导向不同的结果,而不能说其中某个因素具有决定性的作用。

三、美与效用

休谟关于美与效用之间关系的论述在其美学思想中一直较为突出,因为休谟在这部分论述中充分发挥了他的同情原则与情感学说,并结合大量的具体事例,在某种程度上体现了当时英国经验派思想中功利主义的倾向。

休谟举出的例子包括"一所房屋的舒适,一片田野的肥沃,一匹马的健壮,一艘船的容量、安全性和航行迅速"①,这些对象的性质"就构成这些各别对象的主要的美"②。这些实用的性质为何能够激发我们的美感?休谟的回答是,这种情感体验并非直接的感受,而是间接通过原因或效果的推断而产生。"别人的情感都不能直接呈现于我们的心中。我们只是感到它的原因或效果。我们由这些原因或效果才推断出那种情感来……在这里,被称为美的那个对象只是借其产生某种效果的倾向,使我们感到愉快。那种效果就是某一个其他人的快乐或利益。"③休谟由此进一步推出,美感实际上是因人而异的,对象特有的性质引导我们能够想象某种"愉快的结果","许多工艺品都是依

---

① 〔英〕休谟:《人性论》下册,第618页。
② 〔英〕休谟:《人性论》下册,第618页。
③ 〔英〕休谟:《人性论》下册,第618页。

其对人类功用的适合程度的比例,而被人认为是美的,甚至许多自然产品也是由那个根源获得它们的美。秀丽和美丽在许多场合下并不是一种绝对的,而是一种相对的性质,而其所以使我们喜欢,只是因为它有产生一个愉快的结果的倾向"①。

从休谟的论述中我们可以看出,休谟通过"效用"将对象的客观属性与个人的主观情感联系在了一起。"建筑学的规则也要求柱顶应比柱基较为尖细,这是因为那样一个形状给我们传来一种令人愉快的安全观念,而相反的形状就使我们顾虑到危险,这种顾虑是令人不快的。"②休谟又以绘画为例,"绘画里有一条顶合理的规则:使人物保持平衡,极精确地把它们摆在各自特有的引力中心上。一个摆得不是恰好平衡的形体是不美的,因为它引起它要跌倒,受伤和苦痛之类观念,这些观念如果由于同情的影响,达到某种程度的生动和鲜明,就会引起痛感"③。从这两个例子来看,休谟所了解的"同情"并不限于人,也可以推广到无生命的东西(如柱子)。柱子上细下粗就令人起安全感,上粗下细就可以令人起危险感,不平衡的形体会引起跌倒的观念,这些都可以引起同情的作用,先想象到对象处在安全、危险或跌倒的状态,然后观者自己也随之起快感或痛感。朱光潜先生由此将休谟的美学方向定义为"把美的研究重点从对象形式的分析转到对美感活动的生理学和心理学的分析"④,实际上休谟所谓的"效用"多指因人而异的观念形式,而非对象实际对我们造成的利害影响。这种由审美体验而产生的"形式"正是我们通过自己对对象功能的想象和预计,结合对对象原有客观性质的感知,从而进行的判断与创造。

休谟由效用引出了一个问题,即观念的形成取决于具体的情境与

---

① 〔英〕休谟:《人性论》下册,第 619 页。
② 〔英〕休谟:《人性论》下册,第 334 页。
③ 〔英〕休谟:《人性论》下册,第 335 页。
④ 朱光潜:《西方美学史》,人民文学出版社 2000 年版,第 649 页。

个人。效用的观念影响着情感体验,一旦这种观念改变了,情感也会随之动摇。休谟由此指出,美的对象虽然无法等同于效用,但始终能够引导人们产生有用、有益的观念,这是人性的"通则"(rule),"通则创造出一种概然性来,那种概然性有时也影响判断,但是却永远在影响想像"①,人心中潜移默化的习俗以及观念形式一旦形成,就可以对人们的情感产生稳定的影响。

休谟在效用与美的论述中深化了他此前的情感学说:其一是效用能够调动起个人具体的观念与印象,因而产生强烈的好恶之感,因此对象具体的效用为何,实际上体现了个人主观的投射;另一方面则是,在审美过程中,效用与对象的形式联系在一起,个人更多是通过对形式的观察与想象来体验效用带来的快感,而非享受其实际的效果。休谟正是在这一点上搭起了沟通美感与道德感的桥梁,在他看来,道德感与美感作用于人心的原理如出一辙,"这个原则在许多例子中不但产生了我们的美感,也产生了道德感……正义之所以是一种道德的德,只是因为它对于人类的福利有那样一种倾向,并且也只是为了达到那个目的而作出的一种人为的发明……我们必须承认,只要一反省性格和心理性质的倾向,就足以使我们发生赞美和责备的情绪。达到目的的手段,既然只有在那个目的能使人愉快时,才能令人愉快"②。

休谟有句名言:"快乐和痛苦不但是美和丑的必然伴随物,而且还构成它们的本质。"③这句话颇受人诟病,指责其将审美的根源归结于快感上。考虑到贯穿休谟《人性论》的观念与印象原则,我们就能更加准确地理解这句话的含义。休谟将"快乐和痛苦"理解为我们在审美过程中感官受到刺激后最初留下的强烈印象,审美对象的各种通性(common properties)借快乐与痛苦的感受,于我们的实际经验中体

---

① 〔英〕休谟:《人性论》下册,第627—628页。
② 〔英〕休谟:《人性论》下册,第619页。
③ 〔英〕休谟:《人性论》下册,第334页。

现出来。换言之,审美过程既包括快乐与痛苦的第一印象,这种最初的感受又引导了进一步对审美对象的全面感知,并且调动起主体原先的观念,相互协调与影响,创造出了全新的审美体验。

从这点出发,我们再来理解休谟关于美与效用的观点就较为全面了,休谟肯定美的对象能产生"某种效果"——快感,具有实际效用的事物可以激发我们的快感,但休谟并没有因此简单地将美等同于效用。他指出:"任何一个对象就其一切的部分而论,如果足以达成任何令人愉快的目的,它自然就给我们以一种快乐,并且被认为是美的,纵然因为缺乏某种外在的条件,使它不能成为完全有效。只要那个对象本身的条件全部具备,那就够了。"① 休谟于此种"人性的有趣部分"最是不吝笔墨:"一所房屋如果是精确地设计的,足以达到一切生活上的安适的目的,那么它就由于那个缘故使我们高兴;虽然我们也许知道,没有人会去住在里面。一片肥沃的土地,一种温和的气候,我们一想到它们对居民们所可提供的幸福,就使我们感到快乐,即使那个地方现在还是荒芜而无人居住的。一个人的四肢和形态如果表现出他的体力和活泼,他就被人认为是英俊的,即使他已被判处了无期徒刑。"② 从休谟所举的例子中,我们可以看出审美中获得的快感更多涉及的是效用以及适意(fitness)的观念,是审美对象的形式与审美主体本身的观念之间的契合,而非直接的感官刺激和实际功利。

在对人有所助益的众多效用之中,休谟特意强调了"舒适"(convenience),原因在于适意将美产生的快感与效用联系了起来。休谟以房屋举例,因为房屋与人日夜相伴,人们在房屋中体会到的舒适感最为切实,"一个以其房屋或大厦向我们夸耀的人,除了其他事情以外,总要特别注意指出房间的舒适,它们的位置的优点,隐藏在楼梯中

---

① 〔英〕休谟:《人性论》下册,第627页。
② 〔英〕休谟:《人性论》下册,第627页。

间的小室,接待室,走廊……一看到舒适,就使人快乐,因为舒适就是一种美"①。在休谟看来,舒适的美不仅仅是形相之美,而是关乎具体利害。然而我们在审美过程中体验到的舒适感,实际上是借助同情和想象对他人的境遇感同身受,"这与我们的利益丝毫没有关系;而且这种美既然可以说是利益的美,而不是形相的美,所以它之使我们快乐,必然只是由于感情的传达,由于我们对房主的同情。我们借想像之力体会到他的利益,并感觉到那些对象自然地使他产生的那种快乐"②。

休谟随之列举了一系列工艺品来强调自己的观点,即审美过程中个人离不开同情与联想,由此才能体会对象的种种特性,进而产生快感与兴趣:"这种说法也可以推广到桌子、椅子、写字桌、烟囱、马车、马鞍、犁,的确,可以推广到每一种工艺品;因为它们的美主要由于它们的效用而发生,由于它们符合于它们的预定的目的而发生;这是一条普遍的规则。不过这只是关于物主的一种利益,旁观者只有借着同情才能发生兴趣。"③不少论者将这段话视作休谟将美与效用等同的证据,并且指出休谟的另一段话来支持这个观点:"最能使一块田地显得令人愉快的,就是它的肥沃性,附加的装饰或位置方面的任何优点,都不能和这种美相匹敌。田地是如此,而在田地上长着的特殊的树木和植物也是如此。我知道,长满金雀花属的一块平原,其本身可能与一座长满葡萄树或橄榄树的山一样的美;但在熟悉两者的价值的人看来,却永远不是这样。不过这只是一种想像的美,而不以感官所感到的感觉作为根据。肥沃和价值显然都与效用有关;而效用也与财富、快乐和丰裕有关;对于这些,我们虽然没有分享的希望,可是我们借着

---

① 〔英〕休谟:《人性论》下册,第401页。
② 〔英〕休谟:《人性论》下册,第401页。
③ 〔英〕休谟:《人性论》下册,第401页。

想像的活跃性而在某种程度上与业主分享到它们。"①实际上休谟的论说相当清楚，美属于一种平静缓和的情感，业主于对象的利欲则属于强烈的直接情感，两者并不相同，我们通过同情与想象来分享这种快感，但舒缓了利欲对我们情感的冲击，使得这种感受更加持久和稳定。

鲍桑葵对休谟的美学理论作了如下评价：

> 休谟把快感和不快感加以美学上的概括，和亚里士多德通过怜悯把恐惧加以艺术上的概括也是十分相似的。因此，这一学说实在是康德的"没有目的观念的合目的性"或他的"不关利害的快感说"的前身……不但如此，我们还可以看到，休谟比夏夫兹伯里更明确地、比哈奇生明白得多地提出了一项重要观念：鉴赏或趣味，虽然纯粹是一种感受，却可以同快感和不快感一起受到一定性质的结构和关系的影响，可以由思考力加以分析……②

通过与康德的相关理论比较，我们可以看出，休谟强调的是，审美过程中涉及的效用是想象中的效用，并不直接关乎自身境遇，也不像骄傲与愤怒那样涉及自我观念而直接激发情感，而是借助想象与同情，对他人的感受与境遇进行反思。"爱和恨的原因必然与一个人或有思想的存在者相关，才能产生这些情感……美与丑如果寓存于无生物……则对于和它们没有关系的人，便产生不了任何程度的爱或恨、尊重或轻视。"③在这种意义上，休谟指出，效用于人心的复合作用，既包括直接的感官刺激，同时又激发自由而丰富的想象，以及对他人

---

① 〔英〕休谟：《人性论》下册，第401—402页。
② 〔英〕鲍桑葵：《美学史》，第236页。
③ 〔英〕休谟：《人性论》下册，第367页。

深切的同情,与美感平静舒缓、协调物我的特质正相协调。换言之,在审美过程中个人自然而然地会产生利害之情,但这种利害之情经过了美感的缓和与美化,成为审美体验的一个重要部分。举例而言,休谟在论述两性之爱时指出,"这种感情(两性之爱)在它的最自然的状态下是由三种不同的印象或情感的结合而发生的,这三种情感就是:1.由美貌发生的愉快感觉;2.肉体上的生殖欲望;3.浓厚的好感或善意"[1]。休谟进一步指出,"由类似关系和平行欲望这两种关系,就发生了美感、肉体欲望和慈善之间那样一种联系;以至这三者成为可说是不可分离的。而且我们根据经验发现,三者中间不论那一种先行出现,都无关系;因为它们中间任何一种都必然伴有相关的感情"[2]。休谟的理论孕育了一个观点,即美感实际上成了一个调和与沟通的桥梁,用来协调相去甚远的"肉体欲望"(感官领域)与"慈善"(道德领域)。

四、美与道德

休谟将自己的人性哲学分为逻辑、伦理学、美学和政治学四科,逻辑针对人性的理智方面,而伦理学、美学则涉及人的情感、道德行为和趣味。"逻辑的唯一目的在于说明人类推理能力的原理和作用,以及人类观念的性质;道德学和批评学则研究人类的鉴别力和情绪。"[3]休谟在此明确指出,道德和美均是源自于人的情感。在《论人类理智》中休谟深入阐述了这一观点:

> 道德学和批评学宁可说是趣味和情趣的对象,而不可说

---

[1] 〔英〕休谟:《人性论》下册,第432页。
[2] 〔英〕休谟:《人性论》下册,第433页。
[3] 〔英〕休谟:《人性论》上册,第6页。

是理解的对象。所谓美,不论是道德的,抑或自然的,只可以说是被人所感觉的。而不可说是被人所观察的。如果我们关于这一点有所推论,并且努力来确定它的标准,那我们所关心的又是一种新事实——就是人类普遍的趣味,或可以供我们推论和研究的这一类事实。①

休谟提出道德学与美学(批评学)属于情感研究,以趣味和情感为研究对象。同时,道德与审美判断并非某种事实,而是属于情感的判断,情感是道德与审美两者共同的基础。前文中已经介绍了休谟的观念联想理论以及同情原则在其美学中的应用,从中可以清楚地看到休谟美学与道德伦理学之间的紧密联系,因此在研究休谟的美学理论过程中,需要结合其道德学说方能不流于肤浅。在审视休谟论述美与道德个中同异的过程中,我们也能够更加全面地理解休谟的哲学体系。

休谟在《人性论》第二卷,即"情感论"的开篇,把"印象"分为原始印象和次生印象两种。所谓原始印象或感觉印象,就是"不经任何先前的知觉,而由身体的组织、精力、或由对象接触外部感官而发生于灵魂中的那些印象"②。次生印象或反省印象,是"直接地或由原始印象的观念作为媒介,而由某些原始印象发生的那些印象"③。休谟将情感归入"反省印象"或"次生印象"中,"原始印象包括全部感官印象和人体的一切苦乐感觉,次生印象包括情感和类似情感的其他情绪"④。随后,休谟又根据情感的强度将"反省印象"分为"平静的"和"猛烈的",美感属于第一种,即平静的情感,而爱恨悲喜则属于较为

---

① 〔英〕休谟:《论道德原理 论人类理智》,第283页。
② 〔英〕休谟:《人性论》下册,第309页。
③ 〔英〕休谟:《人性论》下册,第309页。
④ 〔英〕休谟:《人性论》下册,第309页。

猛烈的第二种。①

休谟坦承这种分类远非精确,"对诗歌和音乐的狂喜心情往往达到极高的程度;而恰被称为是激情的其他印象,却可以衰退成为那样柔和的一种情绪"。②换言之,这两种情感并没有实质上的分别,差别只在于强度和对人们行为的驱动力而已。休谟认为,道德学(伦理学)是一门关乎实践的学科,旨在对我们的生活与行动起到一定的规范。道德感的本质在于其对个人的行动有强烈的驱动作用,同时给人的情感体验也更加猛烈,这也正是美感与道德感的区别所在。"当我们想支配一个人而怂恿他从事任何行动时,较好的办法通常是鼓动他的猛烈的情感,而不是鼓动他的平静的情感,宁可借着其偏向来支配他,而不借着世俗所谓的理性来支配他。"③而区分不同的观念间的异同与关系,按洛克与休谟的看法属于知识的范畴,"道德不在于这些关系中,而且道德感也不在于这些关系的发现"④。休谟强调,道德的善恶感同美感一样,必然是由我们对待外界对象的态度与立场得来。如果脱离了个人具体的情感和立场,那么那些普遍化的道德原则甚至可以运用到无生命的物体上去,在休谟看来,这是极其荒谬的,同时也违背了道德的原则:

> 当人们对善的一切炽情和偏爱都被窒息了,对恶的一切反感厌恶都被消除了,这就使得人们对于善与恶的一切区分都无动于衷,道德学就不再是一门实践学科了,它对我们的生活和行动也没有任何的规范作用。⑤

---

① 〔英〕休谟:《人性论》下册,第310页。
② 〔英〕休谟:《人性论》下册,第310页。
③ 〔英〕休谟:《人性论》下册,第457页。
④ 〔英〕休谟:《人性论》下册,第504页。
⑤ 〔英〕休谟:《论道德原理 论人类理智》,第6页。

休谟指出,道德感与美感同出于一个源头,即个人的情感知觉,"当你断言任何行为或品格是恶的时候,你的意思只是说,由于你的天性的结构,你在思维那种行为或品格的时候就发生一种责备的感觉或情绪。因此,恶和德可以比作声音、颜色、冷和热,依照近代哲学来说,这些都不是对象的性质,而是心中的知觉"①。两者的区别首先在于强度不同,道德感较为猛烈,而美感偏向平静,道德由此驱使人采取行动,美感则限于感知与欣赏。

休谟承认,艺术或自然激发的美感同样也可能驱使人们起而行动,但这种美感必然掺杂了道德的元素,如爱国的音乐和诗歌等。休谟论述了道德感与美感的相通之处,一言以蔽之,因为道德感与美感都关乎"自我",涉及对他人乃至自我的评判,"骄傲与谦卑有同一个对象。这个对象就是自我,或我们所亲切记忆和意识到的接续着的一串相关观念和印象。当我们被这些情感之一所激动时,我们的观点总是固定在自我"②。"自我"之所以可以作为道德感与美感的最终对象,原因在于其涵盖广泛。无论是个人体态、道德、技艺还是外在财富,都可以与主体的情感与品质相联系起来,形成激发情感的特质:

> 心灵的每一种有价值的性质,不论其属于想像,属于判断,属于记忆,或属于性情,如机智、见识、学问、勇敢、正义、正直,所有这些都是骄傲的原因,而其反面则是谦卑的原因。这些情感并不限于发生在心灵方面,而也将它们的观点扩展到身体方面。一个人也可以由于美貌、体力、敏捷、体态、熟练的舞术、骑术、剑术、以及他在任何体力劳动和技艺方面的灵巧

---

① 〔英〕休谟:《人性论》下册,第509页。
② 〔英〕休谟:《人性论》下册,第311页。

而感到骄傲。但是还不止这些。这些情感在往远处看时，还包括了一切与我们有丝毫联系或关系的任何对象。我们的国家、家庭、儿女、亲戚、财富、房屋、花园、犬马、衣服，任何一样都可以成为骄傲或谦卑的原因。①

从休谟对于"自我"的论述中我们可以看出夏夫兹伯里的深刻影响。在夏夫兹伯里的理论中，自我是一个原始的整体，一个不可分割的统一体，我们正是通过这个统一体直接洞察到宇宙的基本形式和意义。休谟继承了夏夫兹伯里对于自我主体的重视，同时将夏夫兹伯里带有神秘色彩的"自我"分解为了一系列个人经验化的知觉。在休谟看来，美感与道德感的对象都是自我，但两者的区别首先是强度不同，道德感对个人情感的冲击远超过美感，因此两者的另一个区别在于道德驱使人们行动，而美感不仅仅给予人们情感上的愉悦，同时还是人们对于客观事物各种特质冷静的感受与认识。道德感更多属于"自我"主体的外化发散，美感则倾向于"自我"主体的特质与客观事物的相互应和。

在休谟对美感与道德感进行的比较中，有一点值得注意，就是休谟强调，道德情感如骄傲与谦卑是彼此冲突、不能共存的。如果主体同时刺激起了骄傲与谦卑两种情感，两者就会相互抵消，最终使得心灵陷入漠然。因此某种道德情感一旦被激发出来，必然压倒一切与之冲突的情感，充盈整个心灵，而美感较道德感更能兼容并蓄，涵盖各种不同的感受，原因在于其平静舒缓的特质。通过审美，人们可以平静地感知客观事物，从自我观念的局限中解放出来，全面而自然地认识世界。休谟进一步论述，"美或丑如果是关乎我们的身体，那么这种

---

① 〔英〕休谟：《人性论》下册，第313页。

快乐或不快必然转化成骄傲或谦卑"①。因此平静美感的存在,体现了感知脱离自我利害,自由游戏的可能性。美感脱离了个人观念的局限,但仍然是一种植根于个人情感的鲜活体验,带给人最直接的苦痛感受,同时更意味着一种稳定的判断范式,经由对对象各种特质的鉴赏,形成个人的具体感受。

在审美过程中,个人的认识和感受能力能够得到全面的发挥,对审美对象的各种特质进行体认和鉴赏,休谟将这种能力称为"趣味",而道德感因为过于激烈,反而不能完全发挥这种能力。但趣味体现出一个人健康的感官、敏锐的观察力,以及健全的知识,因此道德领域同样不能缺少良好的趣味。休谟在《论道德原理》开篇就强调这种能力对于道德人心的重要作用,"有些种类的美,特别是自然美,它们一出现就博得了我们的喜爱……但还有另一种美,尤其是美术中的美,为了感受到合适的情感,必须运用大量的推理,不恰当的情调常常可以用论证和反省来纠正……道德美很大程度上属于后一种美,为了使其对于人心有适宜的影响,需要我们的理智官能的帮助"②。换言之,美感因为其运用了全面的理智官能,因此对道德不无助益;另一方面,如果美不涉及自我的某些特质,那么很难真正激发起人们的情感,因此健康的道德感只要伴以理智的反思,更能增进我们的审美体验。休谟从这个角度阐述了道德感与美感的相通相生之处。

休谟承认,我们的道德感与美感很大程度上得自于风俗与习惯,"正义和非义的感觉不是由自然得来的,而是人为地(虽然是必然地)由教育和人类的协议发生的"③。但究其根源,两者的基础仍然是人们自然的情感,"在判断动物身体之美时,我们总是着眼于某一个种类

---

① 〔英〕休谟:《人性论》下册,第333页。
② 〔英〕休谟:《论道德原理 论人类理智》,第8页。
③ 〔英〕休谟:《人性论》下册,第523页。

的构造；当肢体和姿态符合于那个种类的共同的比例时，我们就断言它们是美好的。同样，当我们断定恶和德的时候，我们也总是考虑情感的自然的和通常的势力；如果情感在两方面离开共同的标准都很远，它们就总是被认为恶劣的而遭到谴责"①。休谟在此强调的是，审美情感与道德判断，一方面只对主体有效，只是对主体的性质作出论断；另一方面，这种论断存在一种经验上的一致性，使得某种标准成为可能。休谟所说的"种类"，并非逻辑上的概念，而是生物上的"种类"意义，人与人之间的差异，感受的不同，均有其限度和规律，由此产生出的就是审美判断与道德判断的相对一致性。

五、美之本质

休谟对美的看法散见于《人性论》《论道德原理》以及他的短文杂论中。休谟对于审美的研究重视个人在审美过程中的情感体验，立足于具体的经验归纳，休谟不厌其烦列举了大量的事例进行论证，其胜在切近人情，使读者易于理解，但的确也容易使人产生论证琐碎与矛盾之感。可是我们如果换个角度来看，这些貌似矛盾的观点往往比斩钉截铁的论断更能见出休谟论美的真意。

休谟对美与快感的论述就体现了典型的"休谟式文风"，论证细腻，以大量具体经验为论据，但观点却显得不够明晰精确，更有前后矛盾之嫌。休谟在《人性论》第二卷中首先写道："当我们反省美或丑时，令人愉快或令人不快的事物，一般都伴有一种快乐或不快的情绪。"②这很明显地指出，审美时的快感或不快源自于我们对于美或丑的欣赏与反省。而在《人性论》第三卷中，休谟将这种关系颠倒了过

---

① 〔英〕休谟：《人性论》下册，第524页。
② 〔英〕休谟：《人性论》下册，第395页。

来,"当任何对象具有使它的所有者发生快乐的倾向时,它总是被认为美的;正像凡有产生痛苦的倾向的任何对象是不愉快的、丑陋的一样"①,似乎表示快感才是美的根源所在。休谟似乎并不认为自己的观点略显复杂,反而又引入了观念的要素,指出美的观念也能产生审美的快感,"人们对于他们的国家、州郡、教区的美感,都感到自豪。在这里,美的观念显然产生了一种快乐"②。但如果仔细考虑休谟不厌其烦、反复论说的用心,就能发现休谟的本意不在发明美的"根源"。在休谟看来,快感、效用抑或观念都可能影响个人对于审美对象的体验,但无一可以等同于美,因此所谓美即是一系列观念与感受的集合,而效用、秩序于审美的共同点只在于"产生一种快乐,此外再无共同之处"③。换言之,这些并非美的某种性质,而只是美对于心灵产生的各种情感或印象。

那么,我们心中关于美的观念从何而来,其又采取何种方式复现并改造了经验?休谟指出,观念并非可以拆解的印象组合,而是心灵对印象的重构与改造。某些观念,如音乐与美,本来是基于一些印象呈现于心中方能产生,但却不同于这些印象的简单组合。他以音乐来说明自己的观点,即"笛子上吹出的五个音调给予我们时间的印象和观念,但这五个音在出现于这种方式下时,在心中并不刺激起任何情绪,也并不产生任何感情,使心灵在观察到它时产生一个新的观念"④。休谟在《人性论》就此引出了自己的创见:"观念永远表象着它们所由以得来的对象或印象,而且离了虚构便永不能表象或应用于其他任何对象。"⑤他将个人在欣赏音乐时的全部感受,以及其时的具体情境,

---

① 〔英〕休谟:《人性论》下册,第618页。
② 〔英〕休谟:《人性论》下册,第341页。
③ 〔英〕休谟:《人性论》下册,第335页。
④ 〔英〕休谟:《人性论》上册,第48页。
⑤ 〔英〕休谟:《人性论》上册,第51页。

用"虚构"(fiction)来概括(有趣的是休谟对fiction的理解实际上与当时英国小说家们的具体实践如出一辙),美之观念实际上就复现了这种整体的体验,而非简单地记录不同的印象。我们的每种印象都伴随着一定的情感,或是赞同与否的价值判断,因此我们对美的体验即是记忆中这所有的经验累积的结果,并且由这些材料融合成一个新的印象而产生出来。

从另一个角度来看,美感的来源多种多样,没有一定之规,其唯一的特质即带给人的愉悦感受,"一切有形对象的美都引起一种大体上相同的快乐,虽然这种快乐有时来自对象的单纯显现和现象,有时来自同情和它们的效用观念"①。休谟对于美的观点充分体验了他的经验主义立场,他始终将个人的情感体验作为审美的圭臬,但这不意味着休谟将个人的感觉当作美感的唯一标准。在休谟看来,审美判断植根于个人千差万别的情感体验,但正因为如此,审美判断恰恰能够达到"其他科学努力追求却不可得的那种一致"②。因为情感的内容与标准不在外部,而在其自身之中,情感不是致力于把握某种客观的东西,而是表现对象同我们头脑器官与能力之间的和谐。

这一结论并不代表休谟放弃了理性在审美中的位置,他仍然强调:"为了使其(艺术之美)对于人心有适宜的影响,它需要我们的理性官能的帮助。"③这段话中休谟引入了"理性"来纠正情感之失,这里的理性并非先天的禀赋,而是需要后天通过不断修习来磨练的敏锐识见。因此休谟将审美不仅仅视作愉悦的享受,更是锻炼自我修养的必经之途。

---

① 〔英〕休谟:《人性论》下册,第660页。
② 〔德〕恩斯特·卡西尔:《启蒙哲学》,顾伟铭译,山东人民出版社1993年版,第301页。
③ 〔英〕休谟:《论道德原理 论人类理智》,第8页。

第四节　小结

休谟具体的"情感论"集中于《人性论》第二卷中，其中阐述了休谟对于人的情感、理性、意志和行为的各种观点，并以个人的情感体验为切入点，深入剖析了美感与道德的种种问题。在《人性论》之后的《论道德原理》，以及他的谈艺短文中，我们仍然能够看到这种思路贯穿始终。

休谟将"情感"视作一种可以分析的心理现象。在休谟的人性理论中，情感不同于直接的印象与观念，而是外部刺激与个人原有观念相互应和而生成的产物，由此产生出的新印象与观念。休谟没有一味强调情感对于个人感受和行为的影响与驱动，而是深入分析了情感与个人的观念以及社会习俗、文化背景的关系，以此来阐释情感对道德以及审美趣味的重要作用。在休谟看来，情感对人心的作用，实际上是将具体的意象和感受与抽象的概念联系起来，给予概念以鲜活的强力，以此激发人的快乐与痛苦，同时刺激人心的欲望和爱好。休谟举了一段希腊史实来说明情感之于人心的力量：

> 泰米托克里斯（Themistoeles）向雅典人说，他拟就一个计划，那个计划对公众非常有利，但是他如果把这个计划告诉他们，那就必然要破坏那个计划的执行，因为那个计划的成功完全依靠于它的秘密执行。雅典人不授予他以便宜行事的全权，而却命令他把他的计划告诉阿雷司提狄斯（Aristides），他们完全信赖阿雷司提狄斯的机智，并且决心盲目地遵从他的意见。泰米托克里斯的计划是秘密地纵

火烧毁结集在邻港中的希腊各邦全部舰队,这个舰队一经消灭,就会使雅典人称霸海上,没有敌手。阿雷司提狄斯返回大会,并对他们说,泰米托克里斯的计划是最为有利的,但同时也是最为不义的:人民一听这话就一致否决了那个计划。①

休谟对这段史实提出了自己的质疑:这些雅典公民并非学院中崇尚道德准则的哲学家,何以一致奉公义为圭臬?他认为答案在于,公义于雅典公民是具体而微、耳濡目染的鲜活观念,因此激发出他们强烈的道德情感,而他们于遥远的军事利益却没有实际的体验,方才舍鱼而取熊掌。"否则我们难以设想,那样一批正像人们通常那样地是不公正而暴烈的全体人民如何竟会一致坚持正义,而抛弃任何重大的利益"②,因为"记忆犹新的快乐,比起痕迹雕残、几乎消灭的另外一种快乐,在意志上的作用要较为猛烈……一个适合于我们生活方式的快乐比起对我们的生活方式是陌生的快乐来,更能刺激起我们的欲望和爱好"③。

休谟由此推及艺术的作用,在他看来,艺术的一大功用就在于能够以强烈和生动的色彩将对象表象出来,以此将情感灌注于心灵中,雄辩就是这类艺术的代表。换言之,休谟看到艺术与趣味均是某种观念的具体表象,与人心中的记忆和想象相互激发,因此生发出个人独特的情感体验。由于这种表象调动起了个人的经验与想象,以及社会习俗与文化背景等诸多因素,因此即便表征的是"公义"这样抽象的概念,仍然会给予人们巨大的情感冲击。

休谟此举同时解决了两个问题。首先,他指出人的趣味也许各有

---

① 〔英〕休谟:《人性论》下册,第463页。
② 〔英〕休谟:《人性论》下册,第464页。
③ 〔英〕休谟:《人性论》下册,第464页。

不同，但各自的审美体验都是基于相似的快感，无论审美对象表征何种观念，其带给人们的感受是大体相通的。第二，审美体验于人感受之相似，并不意味着审美过程都是千篇一律。相反，审美快感源自于观念的具体表象对人心的冲击，而绘画与诗歌表象的是不同的观念，因此激发出人心中各异的记忆与想象。与此同时，我们还应该注意到，休谟并不认为心灵的激动产生了快感乃至美感："云、天、树、石，不论如何重复出现，一个人在思考它们时，永远不会发生厌恶。但是当女性、音乐、宴会、或本来应该是愉快的任何东西，变得淡漠起来时，就容易产生相反的感情。"① 在休谟看来，情感的强度才是审美乃至道德驱动的关键所在，休谟由此将信念引入了"情感论"的范畴，他在《人性论》第一卷就曾论述过"信念"问题：

> 信念的作用就是将一个简单观念提高到与印象相等的地位，并以对于情感的一种同样的影响赋与它。信念只有使一个观念在强力和活泼性方面接近于一个印象，才能产生这个作用……正如刺激我们的情感几乎绝对必需一个信念似的，同样，情感也很有利于信念。不但传达愉快情绪的那一类事实，而且往往还有给人痛苦的那样一些事实，也都因为这种缘故更容易成为信念和意见的对象。②

休谟强调，我们的感知离不开信念的作用，因为信念是"对任何观念较为活泼而强烈的想象"。信念代表的，不是某种事实上的真实，而是感受上的真实。"信念是我们天性中感性部分的活动，而不是认识部分的活动"③，因此在这个意义上，情感恰好可以作为检验信念的

---

① 〔英〕休谟：《人性论》下册，第462页。
② 〔英〕休谟：《人性论》下册，第140—141页。
③ 〔英〕休谟：《人性论》上册，第210页。

标杆。没有鲜活感受作为基础的信念,对任何人都无法产生影响。休谟以诗人为例,说明情感是信念的试金石:

> 以撒谎为业的诗人们总是力求给予他们的虚构以一种真实的模样。如果他们完全不顾到这点,那末他们的作品不论如何巧妙,也永不能给予我们多大快乐。简单些说,即使当观念丝毫不影响意志和情感时,它们也仍然需要真实和实在这两个条件,以便使想像对它们感到愉快。①

从这个意义上来说,休谟首先证明了情感绝非个人随意的感受,而是植根于我们对于真实(truth)的体认。我们的记忆与社会文化背景促使我们去相信,因此真实的情感才得以产生。其次,情感是我们认识世界和反省内心观念的必经之途。休谟指出,"虚构和信念的区别在于某种情感或感受,它是附着在信念上的,而不是附着在虚构上的,它不依赖于意志,也不能被任意支配。它必定是被自然刺激起来的,就像其他一切情感一样,是由心灵在任何特定时候所处的特定情境产生的"②。在休谟看来,情感实际上是我们通过自身的经验对某种情境进行的反应与评估,同时,休谟指出情感实际上蕴含着心灵运行的同一与因果原则,因而对我们的认识具有独特的规范意义。最后,"人同此心,心同此理",情感体验的共通性与普遍性,是休谟进一步将审美与道德问题联系起来,进行深入探讨的基础。

但这并不意味着休谟对因人而异的情感体验都持赞同态度。人们不同的情感反应取决于他们各自的感官敏锐程度、自身经验积淀以

---

① 〔英〕休谟:《人性论》上册,第 141 页。
② 〔英〕休谟:《论道德原理 论人类理智》,第 162 页。

及社会文化背景,从另一个角度来看,只有保持敏锐的感官,同时具有充分的文化素质,以此去观察理解对象的各种性质,才能体验到更强烈的审美和道德情感。这种能力即是休谟所说的"趣味",笔者将在下文中着重探讨。

第三章　趣味和标准的探讨

休谟早期在《人性论》的第二卷就探讨过"趣味"以及"规范"的问题,而《论趣味的标准》一文("Of the Standard of Taste",1757)则体现了他对于趣味以及批评问题更为成熟的见解,因此历来为中外学者所重视,将其视为休谟美学的核心论题。朱光潜先生就在《西方美学史》中将休谟的美学思想分为两个部分:一是休谟对美的本质的认识,二是休谟提出的趣味标准的阐释,这两个问题各有侧重,彼此之间又有着紧密联系。休谟对于美(beauty)的分析,前文已经有所论及,而《趣味的标准》一文更多涉及的是规范与通则对于个人情感体验的影响与纠正。本章试图对休谟的"趣味"(taste)、"标准"(standard)、"批评家"(critic)等概念分别进行阐释,分析休谟的美学思想与传统的经验主义美学之间的渊源和异同,以及"趣味标准"这一理论对休谟的经验主义美学做了怎样的补充。

第一节　趣味的辨析

从17世纪中后期开始一直到整个18世纪,"趣味"问题转而成为西方美学家们争论的焦点。汤森德(Dabney Townsend)提出:趣味的提出是现代美学的标志。原因在于味觉的感受,与直接而个人化的现代审美倾向不谋而合。在以柏拉图为代表的西方传统美学中,味觉之类的感官形式一直等而下之,美也许在感性形式中体现,但其本源则是超出感官世界的更高存在。"美的真正实现需要经历一个不断攀援和扩张的过程:从现实之物上升到理想境地、从有限扩展到无限、从个体扩大到类再扩大到非人类性的本体存在、从肉身以及肉身可感知之物抽象为完全不能被感官所把握的精神,先从人世间个别的美的事物开始,逐渐提升到最高境界的美,好像升梯,逐步上进,从一个美的形体到两个美形体,从两个美形体到全体的美形体;再从美的形体到美的行为制度,从美的行为制度到美的学问知识,最后再从各种美的学问知识一直到以美本身为对象的那种学问,彻悟美的本体"[①]。

"趣味"的出现,首先是借鉴了传统美学对于个人感官体验的归纳和提炼,更重要的是把美学从形而上的玄想拉回到现实人世中来,关注个人具体的情感和感受。

倡导趣味的美学思想的出现,与经验主义哲学在欧洲的风行密切相关。经验主义对于个人感官经验的强调,使美学的核心问题从形而上的"美是什么",转变为了"美感为何,何以产生"。休谟对这一问题的解答离不开他对于趣味概念的诠释。他从自己深厚的经验主义哲学体系,对趣味的生理、心理以及社会文化各方面的因素进行了全面的阐释。

一、感官与能力

17世纪中后期一直到18世纪,趣味问题的出现,体现出了西方美学

[①] 北京大学哲学系美学教研室编:《西方美学家论美和美感》,商务印书馆1982年版,第22页。

由古典主义的规条转向个人审美经验的趋势。"令一个人感到愉快的味道,或许不会令另一个人感到愉快,而且不能说也不能做任何事情来改变这种情况。对于许多早期现代哲学家和批评家来说,艺术和美的经验恰好就像这种味觉(scnsc of taste)。"① "这种味觉"由于涉及艺术和美的经验或品鉴,自然转变成"趣味"这一美学术语。在此转变的诸原因中,最重要的一点就是:趣味具有类似于艺术和美产生的经验的多样性、私密性和直接性。

需要指出的是,休谟并不是最早提出趣味问题的人,对这个问题最早发表独创见解的是夏夫兹伯里。夏夫兹伯里从人性论的基础出发,认为人天生具有辨别善恶的能力,而且辨别善恶的道德感和辨别美丑的美感是相通的。故此,他将人的这种鉴别能力称为"内在感官"(inner sense)或者"内在眼睛"。洛克所说的"内在感官",要依靠外在感官才能发挥作用,而夏夫兹伯里所说的"内在感官",则是人类的一种先天禀赋。在他看来,知识是通过观念获得,而观念又来自于个体的经验,因此审美观念的根源也和其他观念一样,得自于人的感官经验。与此同时,他反对将趣味相对化,反对随心所欲、五花八门的个人趣味,他主张趣味的普遍有效性。如他所说:"公众的判断总是对的……一个人如果能够按照普遍判断、大众趣味和老练的艺术家的作品中体现出来的准则来修正自己的趣味并且发表言论,这样的人死后才不至于受到谩骂和惩罚"②,这一思想印迹一直外延到休谟《论趣味的标准》一文之中。

对休谟影响更大的是和夏夫兹伯里颇有渊源的弗朗西斯·哈奇生。哈奇生将感觉分为外感官和内感官,外感官接受简单观念,只产

---

① 〔美〕汤森德:《美学导论》,王柯平等译,高等教育出版社2005年版,第12—13页。

② H.B.Nisbet & C.Rawson (eds), *The Cambridge History of Literature Criticism*, vol.4. *The Eighteenth Century*, p.635.

生较弱的快感；内感官接受复杂观念，能引起较强的快感；接受美的内感官（internal sense）就是"审美趣味"。他断言，"我们也许对乐曲、绘画、建筑、自然风景不感到愉快，或者比诸别人对同一事物的快感是微乎其微。此种接受愉快观念的能力，我们通常称之为优雅的天才或趣味"①。在他那里，这种内感官是一个人先天具有的能力，先于一切习俗和教育。但是后天的教育和习俗对其也有影响，"不过一切都需先假定美感是天生的"②，事物本来不存在什么美，所谓的"美"只和人类感知的心灵有关，美是由心灵所产生的。这一观点对休谟影响很大。需要注意的是，夏夫兹伯里的"内在感官""与本义上所说的感觉甚少相同之处，而带有新柏拉图主义的色彩，是一种包罗万象的官能，这种官能促使我们在审美过程中，从结果转入原因，从外部转入内部，从部分转入整体"③。而哈奇生的贡献在于他更加明确地指出了，"内在感官"是产生美和道德这类复杂观念的源泉，但其又与外在感官一样，具有直接性，超越知识，无关利害。

从夏夫兹伯里起，善与美的平行或类似学说，统治着18世纪的英国文学："审美"既是伦理的能力，也是审美的能力。这一观点也许哈奇生表述得最为明确，在他看来，道德观念和美感一样，是一种本质上人人共有的、伦理上表示认可的、原初的判断能力。哈奇生对休谟更深层次的理论支持在于，他在美感和道德感之间建立起了一种合理类

---

① 〔英〕哈奇生：《论美、秩序、和谐、意匠》，见《缪灵珠美学译文集》第2卷，中国人民大学出版社1987年版，第58页。

② 〔英〕哈奇生：《论美与德性两个概念的根源》，见《西方美学家论美和美感》，商务印书馆1980年版，第100页。

③ 〔美〕吉尔伯特、库恩：《美学史》，夏乾丰译，上海译文出版社1989年版，第316页。

比,"审美活动的基础是情感,是情感占主导地位而并非理性"①。休谟的趣味理论在很大程度上糅合了夏夫兹伯里和哈奇生两人的观点。

前文已经介绍过,"趣味"原意为味觉,休谟不止一次运用了味觉官能和审美趣味的类比,在这一方面他借鉴了亚里士多德。亚里士多德在《尼各马科伦理学》里曾将味觉的快感与艺术作品产生的愉悦并举:"事实上,任何艺术产品都不可能自然地产生愉悦;任何其他艺术行为也不能自主地产生愉悦。只有反应感官才能产生愉悦。……虽然香料制造术和烹调术被认作是愉悦的艺术。"②我们在休谟的《怀疑论》("Skeptic")里也见到相似的例子,"我们可以观察到人类中的这种一致性,并没有妨碍他们在美感和价值评价方面有很大的差异;教育、习俗、偏见、任性和癖性,都常常改变着我们这种趣味"③。换言之,休谟仍然持他一贯的立场,重视个人具体的情感与体验。休谟指出:"美与价值都只是相对的,都是一个特别的对象按照一个特别的人的心理构造和性情,在那个人心上所产生的一种愉快的情感",在他看来,更为私密和个人化的味觉尤其能够突出个人的"特殊心理构造与性情"对于其情感体验的影响。康德在《判断力批判》里引用休谟有关批评家的言论时讲道:"像休谟说的,纵使批评家好像比厨师们更能推理,却和他们具有同样的遭遇。他们的判断的规定根据不能期待于论证的力量,而仅能期待于主体对于他自己的状态(快适或不快适)的反思,排斥一切规定和规则。"④康德引申了休谟的观点,将审

---

① Michael Gill, *The British Moralists on Human Nature and the Birth of Secular Ethics*, Cambridge: Cambridge University Press, 2006, p.158.
② 〔古希腊〕亚里士多德:《尼各马科伦理学》,苗力田译,中国社会科学出版社1999年版,第156页。
③ 《人性的高贵与卑劣——休谟散文集》,杨适译,上海三联书店1990年版,第7页。
④ 〔德〕康德:《判断力批判》,宗白华译,商务印书馆1983年版,第136页。

美趣味与感官味觉联系了起来,指出两者都植根于个人的感官和情感体验,审美趣味虽然涉及更全面的心理结构以及文化因素,但予人快感的直接性与味觉如出一辙,而且无法对其原因作出理性的分析。

休谟生平颇好杯中物,在论及趣味问题时尤其喜欢以酒作比。他在《论人类理智》中说,"如果一个对象始于激起某种感情,但它从未作用于感官,那么这种感情也不会生起,比如,一个拉普兰人或黑人对于酒的滋味就没有任何概念"①。休谟的用意在于指出,味觉乃至趣味生发的情感体验,植根于感官的快感或不快,如果没有具体经验的基础,趣味无由而生。在《人性论》中休谟有过类似的例证:

> 菲列普斯先生选了苹果酒作为他的一首绝妙的诗的题目。啤酒便没有那样适当,因为它是既不可口,也不悦目。但是他的本乡如果提供他以葡萄酒那样一种令人愉快的饮料,他一定会选取葡萄酒,而不写麦酒和苹果酒。由此我们知道,凡使感官感到愉快的东西,也总是在相当程度上对想象是愉快的,并且以它在实际接触于人体器官时所产生的那种快乐的意象传给思想。②

休谟以酒来说明,趣味有助于产生快乐的想象。换言之,趣味一方面依赖于纯粹的感官体验,味觉感受对趣味的形成至关重要,另一方面又不局限于接受快感的某种感官。因为人们一旦品尝过美酒,舌尖乃至身心的快乐留存下来,因而能激发想象,使人时时回味,更能促使人产生创作的欲望,由此也可以见出休谟以酒为例的用意。

当然最有名的一个故事在《论趣味的标准》一文中,休谟引用了

---

① 〔英〕休谟:《论道德原理 论人类理智》,周晓亮译,译林出版社2010年版,第157页。
② 〔英〕休谟:《人性论》下册,关文运译,商务印书馆1980年版,第395页。

《堂吉诃德》：

> 桑科对那位大鼻子的随从说："我自称精于品酒，这决不是瞎吹。这是我们家族世代相传的本领。有一次我的两个亲戚被人叫去品尝一桶酒，据说是很好的上等酒，年代既久，又是名牌。头一个尝了以后，咂了咂嘴，经过一番仔细考虑说：酒倒是不错，可惜他尝出里面有那么一点皮子味。第二个同样表演了一番，也说酒是好酒，但他可以很容易地辨识出一股铁味，这是美中不足。你决想象不到他俩的话受到别人多大的挖苦。可是最后笑的是谁呢？等到把桶倒干了之后，桶底果然有一把旧钥匙，上面拴着一根皮条。[1]

根据这段品酒的故事，休谟作出了自己的结论：

> 由于对饮食的口味和对精神事物的趣味非常相似，这个故事就很能说明问题。尽管美丑，比起甘苦来，可以更肯定地说不是事物的内在属性，而完全属于内部或外部的感受范围；我们总还得承认对象中有些东西是天然适于唤起上述反应……如果器官细致到连毫发异质也不放过，精密到足以辨别混合物中的一切成分：我们或称之为口味敏感，不管是按其用于饮食的原义还是引申义都是一样。[2]

通过这样的铺垫，休谟完成了从"口味"到"趣味"的引申，在他看

---

[1] 〔英〕休谟：《论趣味的标准》，吴兴华译，载马奇主编《西方美学史资料选编》上卷，上海人民出版社1987年版，第527页。

[2] 〔英〕休谟：《论趣味的标准》，吴兴华译，载马奇主编《西方美学史资料选编》上卷，第527页。

来,品酒不单纯是对美酒的享受,更是对各种口味的敏感区分和鉴别。这样,休谟就把味觉提高到了审美感官的地位:味觉可以体现秩序和比例,它既是一种外在的感觉性感官,又联结着内在的评价性感官,在这两者达成一致的过程中,味觉起到了沟通的作用。

休谟的高明之处在于他将味觉感官和审美感官并列在一起,用味觉感官来隐喻作为审美能力的趣味,并且将两者的本义相互参照糅合,产生独特的"趣味"概念。"对饮食的口味和对精神事物的趣味非常相似"①,这句话包含了几层意义:首先,人们对事物的品尝和对艺术品的鉴赏都是直接性的,要想知道梨子的味道,就得找个梨子来尝一尝,而艺术品也只有经过主体的欣赏之后,才可以激起审美主体的审美感受。其次,"口味"和审美趣味都与快感相关,人们喜欢某一种食物和喜欢某种艺术品,有时候原因很简单,就是它们可以使主体产生一种快感,而情感因素在这种体验中占有主导的作用。第三,这两种趣味都具有明显的主观色彩,休谟将两者联系在一起,更多是从这一点考虑出发:"那句流行的谚语早就正确地教导我们:关于口味问题不必作无谓的争论(趣味无争辩)。把这个道理从对饮食的'口味'引申到对精神事物的'趣味'是很自然的,甚至极为必要的……"②

休谟笔下的趣味,包含着鉴别能力、审美能力和味觉感官的多重含义。休谟认为,美既是一种印象,也是一种观念,美和感觉紧密相联。因为,在休谟的人性论思想中,感性认识("印象")和理性认识("观念")都是感觉的结果,两者区别只在程度的不同,"印象"强烈而"观念"微弱。休谟由此认为理性的愉悦和感官的快感是相通的。休谟在《人性论》中写道:"凡使感官感到愉快的东西,也总是在相当

---

① 〔英〕休谟:《论趣味的标准》,载马奇主编《西方美学史资料选编》上卷,第527页。

② 〔英〕休谟:《论趣味的标准》,载马奇主编《西方美学史资料选编》上卷,第528页。

程度上对想象是愉快的,并且以它在实际接触于人体器官时所产生的那种快乐的意象传给思想"①,由此休谟将味觉感受与审美感受的隔阂打通,强调两者都源自于个人所体验到的快感。

休谟对趣味的理解带有明显的英国经验主义哲学色彩。"休谟的哲学是人性哲学,它以人的本性作为研究对象。"②按照休谟的理解,人性主要由理智和情感两个部分构成,前者关系知识问题,后者则关系道德和审美问题,所以,趣味不同于理性。③休谟指出:

> 这样,理性和趣味的范围和职责就容易确断分明了。前者传达关于真理和谬误的知识;后者产生关于美和丑、德性和恶行的情感。前者按照对象在自然界中的实在情形揭示它们,不增也不减;后者具有一种创造性的能力,当它用借自内在情感的色彩装点或涂抹一切自然对象时,在某种意义上就产生一种新的创造物。④

在《人性论》中,休谟早已坦言一切科学和理论都和人性有着密切的关系。他认为,"即使数学,自然科学和自然宗教,也都是在某种程度上依赖于人的科学;因为这些科学是在人类的认识范围之内,并且是根据他的能力和官能而被判断的"⑤。休谟在这里提出了人性的两个范畴——能力(ability)和感官(sense),而他对于趣味的定义,显然包括着这两个方面趣味既是一种正常人都会具有的感官,又是一种需要培养和提高的能力。这种能力包括个人的想象力、创作

---

① 〔英〕休谟:《人性论》下册,第395页。
② 周晓亮:《休谟及其人性哲学》,社会科学文献出版社1996年版,第41页。
③ 〔美〕吉尔伯特、库恩:《美学史》,第322页。
④ 〔英〕休谟:《论道德原理 论人类理智》,第146页。
⑤ 〔英〕休谟:《人性论》上册,第6页。

力、鉴赏力以及判断力各方面的素质。因此趣味不仅仅关乎感官体验，更是一个人全面素质和能力的展现，通过对这些素质的训练，一个人不但可以具备健全的趣味，更拥有高尚的道德情操和服务社会的能力。

二、趣味的启蒙

18世纪是启蒙的世纪，个人情感和自由思想经历几代启蒙思想家的倡导，已经成为普照欧洲的思想之光。如果结合当时的历史环境来看，夏夫兹伯里以及休谟等人高举趣味的大旗，体现了中产阶级兴起的社会潮流。而休谟对于趣味的论述，更带有鲜明的启蒙主义色彩，并且延续了从夏夫兹伯里到哈奇生的经验主义美学传统，强调个人感官体验与情感反应在审美中的地位。这种美学观点背后，蕴含着休谟对于自由思想以及独立人格的倡导。

单从休谟的人性哲学出发，他同样需要某种途径或工具来对纷杂的印象和观念进行区分与鉴别，趣味在很大程度上承担了这个职责。休谟坚持，无论是道德判断还是审美鉴赏都植根于人的情感，然而直接的苦乐体验属于第一印象，要过渡到好恶美丑的具体判断，需要想象、记忆乃至传统等多方面的作用。在这种意义上，趣味首先是个人的某种感受，包含着苦乐的体验和对感官的刺激；另一方面，趣味由于涉及个人的想象、记忆，乃至文化、传统多方面的因素，是各种观念作用的产物，因此很大程度上与休谟的"自我"形成方式如出一辙，甚至可以说是个人"性格"的外在表现（参见前文论夏夫兹伯里）。换言之，我们要想对趣味进行分析，不能不将其同具体个体的身心性质、所处群体（又可区分为不同社会、时代、民族、阶级、阶层、集团等等）的性质等诸多方面结合起来，如此方能构成一个完整的"趣味"主体。

根据休谟的人性哲学，趣味具有印象和观念两方面的特性，首先趣味对应着某种具体的感官体验，产生直接的印象，另一方面趣味涉及不同观念和印象的联结。"情感必须触动内心然后可以控制我们的激情；不过情绪无须超出想像以外，就能影响我们的趣味。"①这里的"情感"意指不同强度的印象以及观念的复杂结合，而不仅仅是直接而强烈的感官刺激。休谟由此指出，在趣味方面，除去情感的活力和强度以外，还要考虑到其他的因素，尤其是个人性格以及气质的因素：

> 一个柔和的人并不能产生难以消解的报复心理或残忍心理的观念；一个自利的人心也不容易设想深谊厚爱。我们很容易承认，别的灵物或者具有许多感官是我们所意想不到的；因为它们的观念从没有照一个观念进入我们心中所由的唯一途径来进入我们心中，那就是说，它们并不曾借真实的感情和感觉来进入我们心中。②

上面的这段论述体现出了休谟对趣味的看法，趣味首先植根于我们真实的感情与感觉，当某些感觉与观念形成了独特的联结，在人心灵中就占有了独特的地位，换言之，趣味就形成了。趣味一旦形成，即便在人们冷静的时候，这些独特的喜好与偏爱仍然会经常出现，影响人们在审美以及道德活动时的判断。这些因人而异的趣味虽然都源自于各人真实的感受，但并不是无可置疑的，相反，个人的经验程度和智识水平，无论是在审美趣味和道德判断的选择上，还是在具体行为的实践中，都具有至关重要的作用。因为休谟所论的趣味关乎复杂的"自我"观念，因此远非一成不变，而是随着个人的理性与经验不断发

---

① 〔英〕休谟：《人性论》下册，第629页。
② 〔英〕休谟：《论道德原理 论人类理智》，第157页。

展的:

> 在我们所能形成的每一个判断中,如同在关于知识的每一个判断中一样,我们应当永远把从知性本性得来的另一个判断,来校正那个从对象本性得来的最初判断。可以确定,具有确实见解和长期经验的人比起一个愚昧无知的人来,对他自己的意见应该有、并且也通常有较大的信念,而且我们的意见,也随着我们的理性和经验程度,甚至对自己说来也有不同的威信程度。即在具有最高的见识和最长的经验的人,这种威信也决不是完整的,因为甚至那样一个人也必然自觉到过去许多错误,而不得不恐怕将来仍有类似的事情。①

从这段材料中我们可以看出,休谟强调人心中固有的信念不仅仅是一成不变的规条定见,而是源自于个人的理性与经验。这些因素决定着人们脑海里复现出的印象,从而赋予思维一种强力和活泼性,因此导致了人们相信什么而不信什么的选择。休谟指出,"信念是我们天性中感性部分的活动,而不是认识部分的活动……如果信念是一种单纯的思想活动,没有任何特殊的想像方式,或者说是不赋有一种强力和活泼性,那它必然会毁灭自己,而在每一种情形下,终于使判断完全陷于停顿。但是经验会使乐于尝试的任何人继续相信、思维和推理"②。休谟所倡导的"趣味标准",也属于信念之列,"我们想找到一种'趣味的标准',一种足以协调人们不同感受的规律,这是很自然的;至少,我们希望能有一个定论,可以使我们赞同一种感受,否定另

---

① 〔英〕休谟:《人性论》上册,第204页。
② 〔英〕休谟:《人性论》上册,第206页。

一种感受"①，而这种信念也同样建立在个人鲜活的经验与独特的性格之上。

上一章中笔者已经论述过休谟如何看待美与快感之间的关系。休谟认为，审美带来的快感只是一种较为平和的情感体验，与其他的快感只有强度上的不同，因而"美同样是不能下定义的，而只能借着一种趣味或感觉被人辨识……产生痛苦和快乐的能力在这种方式下成为美和丑的本质"②。趣味就是人们赞同某种感受的能力，这种能力来自于经验。但休谟同样指出，我们的苦乐与好恶虽然都源自于具体的经验，但并非每种感受都能在经验中找到对应的导因，其中必有一些神秘而不可解的因素存在，这就是趣味"非我所知"（je ne sais quoi）的特性：

> 对许多令人愉快的品质，我们对其美的来源都能作出某种程度的说明和解释，但除这些品质以外，还有一些品质是神秘而不可解的，这种品质给旁观者带来直接的满足，可是连旁观者也不会妄称能确定它们怎样、为什么、根据什么理由会这样。有的人举止端庄、高雅、潇洒、彬彬有礼，具有非我所知的风度，这种风度是别人所不及的，它与外在的秀美十分不同，几乎一下子就博得了我们强烈的喜爱。在我们对人的品格所做的一切评价中，它确实大都被普遍考虑到，并构成了人格价值不可忽视的组成部分。因此，对人的这一类才能我们不知不觉地完全相信，这肯定是趣味和情感的证据。③

---

① 〔英〕休谟：《论趣味的标准》，载马奇主编《西方美学史资料选编》上卷，第527页。

② 〔英〕休谟：《人性论》下册，第334页。

③ 〔英〕休谟：《论道德原理 论人类理智》，第91页。

换言之，在面对自身复杂的情感时，人们往往无法理清其中的繁多头绪，无法理解是何种原因触发了自己的感受，休谟指出，趣味就是引发这些情感的原因，它得自于我们自身经验与现实对象之间的比较和推断。在休谟看来，无论是对于文学、哲学、历史事件或是政治立场，我们作出评判的依据都是具体的个人经验，此经验生发的源头来自于我们带有鲜明文化印记的性格：

> 如果某一些特殊的性格没有可以产生某些情感的确定力量，而且这些情感在行为上也没有恒常的作用，那道德学的基础在哪里呢？如果我们不能断言诗歌和小说中各角色的行为和感情是否合于某种身份，某种环境，那我们有什么权利来批评任何诗人或优美文学的作者呢？由此看来，我们不论从事于一种科学或一种行为，我们都不能不承认必然的学说，都不能不承认由动机到自主行动的这种推断，都不能不承认由性格到行为的这种推断。①

休谟对于趣味的论述，实际上是他对印象与观念推移问题的继续探索。在他看来，趣味无论优劣，实际上都是对生活中具体情感的回忆与欣赏，并从中汲取激发情感与行动的力量。良好的趣味是一笔财富，与个人性格的养成密不可分，同时，趣味是个人性格的浓缩，因为从中可以看出他经过提炼的经验以及对自身情感的控制。从这个意义上来说，休谟将审美趣味与道德情操融合在了一起。审美趣味与道德情操之所以高尚，是因为两者都是把许多经验的果实在记忆和性格中结合起来，使激情得到控制和疏导，从而变得更为稳固和协调。良好的趣味一方面能够更好地引导人们感受世界理解世界，另一方面又有助

---

① 〔英〕休谟：《论道德原理 论人类理智》，第218页。

于人们致力于建立美德,服务世界。因为良好的趣味"不会允许一个人沉溺于那些使他丧失高尚品德的事物,不论这些事物具有何种诱惑力"。此外,良好趣味中蕴含着个人对于自身经验的反省以及对他人告诫的吸收,因此能够预见丧失美德的恶果,并努力加以避免。

第二节　通则与标准

从休谟对趣味内涵的阐述中,我们可以提炼出他理解人类感性能力的两条思路:其一是,情感体验是道德情操与审美趣味的基础,如果脱离了具体的感受与情景的刺激,个人的感知和行动都会缺乏动力。但这并不意味着趣味缺乏稳定与规范,相反其规律与法则同样可以从趣味的基础——情感体验中得来。前文中已经提及,趣味是个人印象与观念的结合,其形成和作用均受到人性"通则"(rules)的规范。所谓通则,休谟认为其并非先验的规条,而是长期经验和习惯的产物,形成人们心理上的一种趋向和期待(expectation),进而影响人的趣味与感受。另一方面,通则使得个人的情感与趣味有迹可循,有助于人们理解和反省自身的趣味,但并不能教导人们在趣味之间如何褒贬取舍。这就是"标准"的意义所在,其更多涉及的是个人性格与普遍价值之间关系的问题。

一、人性的通则

休谟秉承牛顿进行科学研究的原则与方法,拒斥任何形而上学的前提,根据观察和实验建立能推导事物的原因和结果的法则。休谟的"实验"不同于牛顿的科学实验,他更多从心理与历史的角度出发,对具体的心理感受进行归纳,进而剖析人性心理的能力与结构。

休谟的通则意指人类印象与观念的联系规律,这种规律并非一成不变的规条,而是人们从实际经验中提炼得来,是人类经验不断累积的结晶。"我们从人的行动、表情乃至姿势,上升到有关人的倾向和动机的知识,又从我们关于人的动机和倾向的知识出发,转而说明人的行为……经过一段经验过程,这些普遍的观察被保存起来,给我们提供了人性的线索,教我们解开人性的一切复杂情节。"通则的目的在于"规范我们的思辨,同时也规范我们将来的行为,我们在长期生活和各种事务、交际中获得的经验,也有同样的益处"。①换言之,通则不仅影响着我们现在的经验与认识,同时预测引导着我们未来的行为。

休谟指出了三种观念联结的通则:相似原则(resemblance)、接近原则(contiguity),以及习惯原则(custom)。相似性和接近性能够借助原初印象增强观念的效力,而习惯可以使观念之间的推移更加自然,然而这些原则都植根于最初的印象。"在相似对象的反复出现之后,心灵由习惯所带领,当一个事件出现,就期待通常与它相伴随的事件……因此,我们在心中感到的这种联系,想象由一个对象到与它通常伴随的对象的这种习惯性联想,乃是感受(sentiment)或印象,我们从这个情感或印象形成了能力或必然联系的观念。"②由此看来,理性的基础实际上仍然是感觉,"一切概然推理都不过是一种感觉,不但在诗歌还是音乐中,或者在哲学中,我们也得遵循我们的爱好和情趣。当我相信任何原则时,那只是以较强力量刺激我的一个观念……我们之所以能根据一个对象的出现推断另一个对象的存在,并不是凭着其他的原则,而是凭着作用于想象上的习惯"③。

休谟的观点相当清楚,"原则"或是"通则"之内涵,实际上是凭

---

① 〔英〕休谟:《论道德原理 论人类理智》,第214页。
② 〔英〕休谟:《论道德原理 论人类理智》,第205页。
③ 〔英〕休谟:《人性论》上册,第119页。

借印象和观念的刺激，引发我们形成的相应信念。通则调动起了我们所有的过往经验，自然地产生其效用，同时又不为心灵所察觉。"我们关于因果的一切判断所依据的过去经验，可以不知不觉地影响我们，使我们完全没有注意到。一个人在旅途上遇到一条河，就预见到继续前行的结果；他对这些结果的知识是由过去的经验传给他的，那种经验把原因和结果的结合报告给他……但实际上，沉没的观念与水的观念是那样密切的联系着，窒息的观念与沉没的观念也同样密切地联系着，以至于心灵不需借助于记忆，就一直推移下去"①，这就是通则影响人类经验的方式。在审美过程中，通则也如此发挥着作用。休谟以悲剧为例，指出我们在欣赏悲剧时，不自觉地唤起曾经欣赏其他悲剧的体验，我们根本无法察觉出曾经的记忆瞬间与现时的体验联系在了一起。

　　休谟认为，通则之形成不在于理性的推导，而在于长期的经验累积，这也是他如此强调习惯与风俗的原因。只有连续反复的经验，才能促成稳定而具有活力的观念联结，如此方可以激发出强烈的情感体验。无论在审美还是道德领域，通则的力量都是不可忽视的：首先，通则是经验的沉淀和结晶，使得经验更富于典型性，其创造的印象也更能引人入胜，动人心魄。休谟以那些对不幸遭遇安之若素的人们为例，指出我们在通则的影响下，往往能够充分对他人的遭遇感同身受，将自己的情绪代入其中：

　　　　一个不因不幸而感到沮丧的人，也因其忍耐而更为人所悲叹；如果那种美德扩大到完全消除了不快感的时候，那就更加增加我们的怜悯的心情。当一个有价值的人陷入世俗所谓极大的不幸中的时候，我们对他的处境就形成一个概念；我们把

---

① 〔英〕休谟：《人性论》上册，第119页

想像由原因带到它通常的结果上,首先对他的悲哀发生一个生动的观念,随后对它感到一个印象,完全忽略了使他超越于那一类情绪的那种伟大心情……想像受了通则的影响,使我们想到那个情感的生动的观念,或者不如说是感到了那个情感本身,正如那个人真被那种情感所激动时一样……如果在人睡眠和坦然安心的时候,对之进行谋杀,这种谋杀行为就更为加重一等;正如历史家们对于任何在其敌人手中做了俘虏的婴儿国王,往往会说,他越不感觉到自己的可怜状况,便越是值得怜悯。①

休谟的例证让人想起莎士比亚的名作《麦克白》和《李尔王》。换言之,通则常常能够弥补直接经验与想象之间的距离,将某种抽象的观念转变为具体鲜活的情感印象,使得审美经验具有更加动人心魄的力量。因此人们在欣赏戏剧或是阅读历史时,往往能够迸发出比亲身经历更为强烈的感触。

其次,通则往往还担负规范个人经验与情感之职。休谟认为,个人的情感变化无常,常常会受自身的阅历和环境变化的影响,因此有必要确立某种"一般的准则",使人们在各种刺激面前能够保持心灵的平和以及情感的适度。"各种情感往往因为极不重要的原则而有所变化;这些原则并不是永远完全有规则地起着作用,而在初次试验之时,尤其不规则。但是当习惯和实践一经把所有这些原则显示出来,并且确定了每种事物的正确价值以后,那就必然有助于情感的顺利产生,并且依据一般确立的准则,指导我们应当依照什么比例去选择一个对象,而舍弃另一个对象。"②

---

① 〔英〕休谟:《人性论》下册,第408—409页。
② 〔英〕休谟:《人性论》下册,第328页。

休谟的这段论述还包含有另一个意思,即人性的通则并非所有人都生而知之,大部分人需要经过长期的习惯和实践方能认识,同时其稳定平和、合乎中道的价值也只有经过反复经验后才能为人所确定。换言之,如果没有长期的实践和锻炼,通则非但不会产生稳定个人情感的影响,反而会因为经验的缺失,在人性中失去立足之地。

再次,通则从反面彰显了个人在想象和同情时的局限,人们只有遵循类似以及接近的原则才能在不同观念之间达成联系。休谟借此来说明艺术创作的规律,说明文艺只有具备完整统一的风格才能打动人心:"如果一个作家写了一部书,其中一部分是严肃而深刻的,另一部分是轻松而幽默的,每个人都会鄙弃那样奇怪的一种混杂体,因它忽略艺术和批评的一切规则而加以斥责。这些艺术规则是建立在人性的性质上面的,人性中有一种性质要求每种作品都有一致性,这种性质就使心灵不能在一刹那中由一种情感和心情转到十分不同的另一种情感和心情。"①

从这个意义上来看,通则一方面是经验积累的结晶,另一方面同样包含着人们有意识根据自身经验和情感,针对某些目的,对通则有意识加以设计与利用的行为。在这个意义上,通则的建立和影响都带有社会公益的性质,因为其在建立和发生作用的过程中,自然包含了人与人之间相互沟通、达成共识的行为:

> 确定财产权、权利和义务的那些规则,并不包含有自然起源的标记,而却包含有许多人为措施和设计的标记……它们全体对于维护公益和支持文明社会都有一种直接而明显的趋向。最后这一点,由于两个理由,值得注意。第一,因为这些法则的成立的原因虽然是对于公益的尊重,而公益是这些法则的

---

① 〔英〕休谟:《人性论》下册,第417页。

自然趋向，可是这些法则仍然是人为的，因为它们是有目的地设计出来、并指向于某种目的的。第二，因为如果人们赋有对公益的那样一种强烈的尊重心，他们就决不会用这些规则来约束自己……利己心才是正义法则的真正根源；而一个人的利己心和其他人的利己心既是自然地相反的，所以这些各自的计较利害的情感就不得不调整得符合于某种行为体系。因此，这个包含着各个人利益的体系，对公众自然是有利的；虽然原来的发明人并不是为了这个目的。①

在休谟眼中，情感与趣味都是通则的产物，两者并非个人随意的反应，而是有迹可循的经验结晶。然而通则并不能代替标准（standard）的作用，一味顺从通则同样会将人导向谬误。因为"通则对人的行为和知性有那样一种重大的影响，甚至能够欺骗感官，当一个对象的出现被经验发现为永远伴有其他一个对象出现时，于是前一个对象不论什么时候一出现（即使在非常重要的条件方面有了改变），我们自然就飞快地想象第二个对象，并对它形成一个生动而强烈的观念，就像我们是借我们知性的最正确、最可靠的结论推断出它的存在一样。任何东西，甚至我们的感官，都不能使我们清醒过来，感官这时不但不改正这种虚妄判断，反而往往被它歪曲，并似乎在认可它的错误"②。休谟坚持，经验本身就是纠正通则之谬误的对症良药，在这个过程中，外在的迷信与权威均不足恃，我们只有经过更加广泛和理性的感知，充分意识到人性通则的局限，并且主动地选择或树立某种标准，如此方不至于沦为感官以及通则的提线木偶。

---

① 〔英〕休谟：《人性论》下册，第569页。
② 〔英〕休谟：《人性论》下册，第411页。

二、"标准"的意义

在《人性论》第一卷"论空间和时间观念"一章中,休谟抨击了数学家对于空间的定义。在他看来,数学家将线与面视为许多不可分的点的组合,但实际上我们没有关于这种"不可分"的点的观念,也无法感知此种观念,因而建立在这种观念之上的几何学证明就无意义可言:

> 我可以肯定说,这个相等的标准是完全无用的,而且我们在决定一些对象彼此相等或不相等时,也永远不根据这样一种的比较。因为,由于组成任何线或面的一些点,不论是视觉还是触觉所感知的,都是那样地微小而且互相混淆的,所以心灵绝不可能计算它们的数目,这样一种计算永远不能为我们提供一个判断各种比例的标准。①

休谟的观点虽然有悖于数学定理,但鲜明地体现了他一贯的经验主义立场,同时从中我们也能看出他如何看待"标准"这一概念。休谟认为,首先,标准是人们创造出的某种想象,目的是指导人们区分不同的印象与观念;其次,标准的观念既然出自个人的想象,因此不能脱离人们的实际感知。因而标准对休谟而言,是一个颇具实用色彩的概念,人们借助标准来鉴别实际的对象和情境,调解经验的争端。休谟以财产权为例,来说明标准的功用:

> 一个野猪落在我们的陷阱中,如果它"不可能"逃脱,它就被认为被我们所占有。不过我们所谓"不可能"是什么意思

---

① 〔英〕休谟:《人性论》上册,第55页。

呢？我们如何能将这种不可能同很不可能分开呢，我们又如何确切地分别"很不可能"与"很可能"呢，请划出两者的精确界限，并指出我们是借什么标准来决定在这个题目上可能发生的、并且在经验中往往发生的一切争端。①

休谟所持的这一主张一直延续到了《论趣味的标准》中，因为在他看来审美趣味之间的取舍同样涉及意义和价值的鉴别以及情境的区分。休谟强调："标准显然是假想的……除了我们具有工具或技术可以进行校正以外，其他任何的校正概念都只是心灵的一种虚构，既是无用的，也是不可理解的。"②但在另一方面，标准虽然是人们出于某种目的的虚构，但同时也是发乎人类自然本性的创造，一旦形成，就会对人类心灵有着持续的影响。"标准虽然只是假想的，而这个虚构却是很自然的；而且原来促使心灵开始任何活动的理由即使停止了，心灵仍然会依照这种方式一直继续下去。"③换言之，标准不仅是某种观念的结合，同时也蕴含着人对于"完善""优美"等理想的一种期待，凭借标准观念的持续作用，能够充分调动起个人的记忆，激发出他潜在的创造和想象能力。

休谟列举了音乐家与画家以及机匠的例子来说明他的观点："一个音乐家发现自己的听觉一天一天地变得精细起来，同时借反省和注意经常校正自己，于是即使在他对于题材无能为力的时候，仍然继续同一的心理活动，并认为自己有一个完整的第三音或第八音的概念，虽然他无法说出自己从哪里得到他的标准。一个画家对于颜色也形成同样的虚构。一个机匠对于运动也是一样，画家设想明和暗，机匠设想快和慢，认为都能够有一种超出感官判断以外的精

---

① 〔英〕休谟：《人性论》下册，第546—547页。
② 〔英〕休谟：《人性论》下册，第58页。
③ 〔英〕休谟：《人性论》下册，第58页。

确的比较和相等。"①从这个例子中,我们大致可以归纳三个方面的观点:首先,标准对人的想象力和创造力之所以能够有所激发,有赖于个人对于自身感官能力的不断锤炼。只有具备敏锐的感官,才能对各种感觉材料信手拈来,从而进行崭新的创造。"音乐家发现自己的听觉一天一天地变得精细起来",方能创作新的音调,画家对色彩的变化保持敏感,才能表现光影的微妙,机匠对工艺机造中部件的咬合速度洞察于心,方能够使机器运行更加精密。其次,敏锐的感官能力部分得自于天赋,更多则来源于自身的反省。休谟在这里指出,反省并不局限于审视自身的印象与观念,在反省中蕴含着创造的萌芽,通过不懈的反省,个人的观念与印象遵循一定的通则,自然会形成新的联结形式,投射出全新的想象。最后,标准源自于人们的假想,因而个人是无法确证其理据和价值的,只有借助某种公共的普遍语境,才能影响人们特定的选择与判断,在这一点上,标准已经从某种没有实际内容的假想,转变为了有具体指涉,影响人们实际判断的观念。

休谟在短文《论趣味与激情的细致》("Of the Delicacy of Taste and Passion")中对敏感的激情与细致的趣味进行了区分。他指出,过于敏感的激情可能使得人们喜怒无常,无法承受命运的洗礼,从而感受到更多的痛苦。"得到点尊重和夸奖,他们会得意忘形;略受轻蔑,他们就受不住……命运的好坏,不是我们可以随意支配的;而性情过于敏感的人在遇到种种不幸时,忧伤和愤懑之情完全占据了他的心,就会使得他失去对生活中普通事情的一切乐趣……这样的人在生活里是很容易不检点、不谨慎的,也就很容易犯错误,这些错误常常是无可挽回的。"②而趣味有助于培养健全的人格,使我们在悲欢际遇中保持

---

① 〔英〕休谟:《人性论》上册,第56页。
② 喻青编:《休谟经典文存》,上海三联书店2006年版,第55页。

稳定的心性，并能帮助我们评判人们的性格，欣赏天才的著作，从艺术鉴赏中获得更为持久的享受。因此"趣味类似于情感上的敏锐细致，能够对各种类型的美产生细致感受……但相信所有人都会赞成，趣味方面的敏感是值得我们追求和培养的，而情感上的敏感则是可悲的，只要可能，就应当加以矫正"①。在这里我们也可以看出休谟对于艺术的一些见解，如果趣味仅仅关乎个人，那么无所谓优劣可言，但其涉及的艺术与审美带有一定的公共性质，是维系社会文化、沟通社会成员的重要纽带，因而不能没有一定之规，更为重要的是，趣味实际上是人们的道德品质与社会素质的体现，因此更需要适当的引导与规范。

从休谟的论述中我们可以看出，良好的趣味一方面需要磨练自身的感官，使之更加敏锐，更重要的是趣味能够帮助我们"对生活形成正确的观念，有些东西能使别人感到快乐或折磨，对我们来说就会感到微不足道，不值得我们加以注意，通过这样的锻炼，我们就能逐步抛弃那些不适当的感情上的敏感性"②，标准即是这种"正确的观念"。以《堂吉诃德》中品酒的故事为例，品酒家之高明不在于鉴别酒的甜酸口味，而在于鉴赏酒的各种口味是否协调和谐，这是品酒家们在长期的实践中形成的标准。从另一个角度来看，趣味本身就是建立标准的基础，因为良好的趣味源自于强有力的健全理智和精细的鉴赏体验，这种趣味自身就构成某种权威的标准，并能够让人们纷纷效仿。在这个意义上，趣味的标准实际上正是批评家的标准，休谟在《论趣味的标准》一文中着重论述了这一点。同时，标准并非一成不变，人们在反复的体验和欣赏过程中构成了某种标准的观念，随着经验的累积和环境的变更，这种观念也随之成熟改善，并且越来越具包容性，能

---

① 喻青编：《休谟经典文存》，第 56 页。
② 喻青编：《休谟经典文存》，第 56 页。

够涵盖更多复杂的元素，其应用的范围也愈加广阔。由此我们可以看出，休谟的"趣味"与"标准"概念，既具有普通意义上的感官与心理意味，同时也包括更加广泛的社会文化内涵。

第三节　《论趣味的标准》

休谟的《论趣味的标准》一文历来被誉为英国散文中的名篇，休谟用其优雅的文笔论证了一个观点：尽管世间的趣味千差万别，但趣味的标准却是真实存在的。这篇短文不仅仅延续了休谟在《人性论》以及《论道德原理》中的经验主义美学立场，同时还阐述了"理想批评家"(ideal critics)以及艺术与时代之关系等问题，立论鲜明，文笔雅驯，论述剖析更见休谟散文名家的功力，有论者因此将这篇文章称为休谟美学的核心。另外，《论趣味的标准》一文中的观点并不是孤立的，休谟在他的其他文章，如《论趣味与激情的敏感性》以及《论悲剧》中都从不同的角度再次阐释了《论趣味的标准》中的部分观点，休谟这篇构思精妙、观点呼应的短文，构成了其美学思想中的重要部分。

一、趣味标准的建立

1749—1751年间，休谟撰写了《论文四篇》一书，包括《宗教的自然史》《论情感》《论悲剧》《论几何学的形而上学原理》四篇文章。第四篇文章因数学家的争议，换成了《论自杀》和《论灵魂不朽》，书名也因而改成《论文五篇》，就在其准备发表之时，格罗塞斯特主教威廉·沃伯顿看到该书样本，指责它抛弃道德、宣扬无神论，威胁要对出版商起诉，休谟迫不得已用《论趣味的标准》一文将《论自杀》和《论灵魂不朽》换下，仍以《论文四篇》为名发表。《论趣味的标准》一文看似急就章，但随后在休谟对此书的多次修订中，唯独甚少改动《论趣味的标准》一文，其相关订正也大多限于文中标点。

这篇名作实际上涉及了两个问题：一是在变化无常的趣味中何以仍有标准？二是如何找出这种标准？

第一个问题涉及建立趣味标准的可能性，是整个18世纪美学中趣味问题的焦点所在。18世纪早期，墨守古典规条的新古典主义受到了经验主义美学理论的挑战。代表人物有艾迪生（Joseph Addison）、夏夫兹伯里、哈奇生等批评家，他们越来越强调主体的反应和体验。而经验主义美学的兴起，使得代表瞬间情感的趣味体验在当时大行其道，哈奇生最早提出了"审美无利害性"与"无概念性"以反对当时五花八门的审美趣味，而夏夫兹伯里则声称："'非我所知'是白痴和无知者对一切事物的反应。"[①]他们都反对将趣味随意化和个人化，反对随心所欲的个人趣味，而主张趣味的普遍有效性。这正切中了18世纪美学的一个中心问题，趣味的难题并不在于它的主观私密性，而在于它作为一种具有主观私密性的感觉如何又具有普遍可传达性。18世纪西方美学的主要问题之一就是如何克服趣味中所体现的这种矛盾。

从《人性论》开始，休谟就指出，尽管审美情感是个人一种主观的判断，但仍然存在一种经验上的一致性，正是这种一致性，使情感和趣味方面始终存在某种衡量的标准。休谟在《论趣味的标准》中更进一步地论述了这一观点，他指出，美并不是对象的某种属性，而是个人对于对象的情感体验，因此趣味的标准并不是某种先验的法则，而是

---

① H.B.Nisbet & C.Rawson（eds），*The Cambridge History of Literature Criticism*，vol.4. *The Eighteenth Century*，p.636.

存在于具体的人性之中。人性普遍的自然倾向使得这些差异不至于过大，而这些差异"实际上也有其限度与规律，由此便产生出审美判断之间的相对一致性"①。

尽管休谟在这篇文章的开头铺陈了一番人们在趣味方面的巨大差别，并且也认可"一切情感都无可非议"，"客体本身不是美的特性，它仅存在于观照它们的心灵之中"，②但他很快就切入了主题，声称很多人的趣味"荒唐可笑"（absurd and ridiculous）。休谟认为健康的趣味应该精细而敏锐，但大部分人却"缺乏精致感和清晰性，只能感受到对象里最粗浅的性质"③，休谟因此而求助于"理想的批评家"，"因此即使在风气最优雅的时代能对高级艺术作出正确判断的人也是极少见的；只有卓越的智力加上敏锐的感受，由于训练而得到改进，通过比较而进一步完善，最后还清除了一切偏见——只有这样的批评家对上述称号才能当之无愧。这类批评家，不管在哪里找到，如果彼此意见符合，那就是趣味和美的真实标准"④。

休谟向来重视个人情感和主观体验，这次他提出趣味标准看似一反常态，但细读之下可以看到他延续了自己一贯的经验主义立场。趣味标准并不是鉴别趣味的真假，而是评判个人趣味之间的优劣。作为一位经验主义者，休谟意在"将理性的实验方法介绍进道德领域"⑤。休谟宣称："所以很自然我们要寻找一种趣味的标准，它可以

---

① 〔德〕恩斯特·卡西尔：《启蒙哲学》，第 302 页。

② David Hume, "Of the Standard of Taste," T.H.Green and T.H.Grose (eds), *The Philosophical Works of David Hume*, the 3rd volume, (London: Longman, 1874-1875), p.264.

③ David Hume, "Of the Standard of Taste," T.H.Green and T.H.Grose (eds), *The Philosophical Works of David Hume*, the 3rd volume, p.264.

④ David Hume, "Of the Standard of Taste," T.H.Green and T.H.Grose (eds), *The Philosophical Works of David Hume*, the 3rd volume, p.278.

⑤ 〔英〕休谟：《人性论》上册，第 2 页。

成为协调人们不同情感的一种规则,至少它能够提供一种判别的标准,使我们能够肯定一种情感,指责另一种情感。"①休谟的趣味标准因此包含着两方面的内容,一方面是人类普遍的心理结构,另一方面则是人类共同的文化和社会倾向,前者使得某种一致的趣味标准成为可能,后者则引出了"理想批评家"的概念。

在休谟写出《论趣味的标准》之前不久,艾迪生在《观察者》上发表文章声称:"经历许多不同时代和国家考验的艺术品才是趣味的真正标准,"并且"艺术从人类的普遍感官和趣味中推导出自己的法则,而不是从艺术本身将其推导出来。换言之,趣味并不遵照于艺术,而是艺术遵照于趣味"。②雷诺兹随后也声援这种意见:"将规则视为天才的桎梏,这是一种虚妄而庸俗的观点……学生们应把那些经过几百年时间考验的范例视为完善而可靠的向导。" ③

休谟和他的同辈们一样,坚信应该建立一种"普遍的趣味标准",但休谟与他们的不同之处在于他更为务实的观点。从休谟的论述中我们可以看出一个问题:为什么休谟没有如艾迪生以及雷诺兹一样,依赖个人自身素质的改善来建立普遍的趣味标准,而是诉诸理想批评家来完成这个任务?为什么我们不能按照理想批评家的标准来塑造自己,而需要求助于他人?

前文已经提到,休谟笔下的趣味包含两个层次的意义:"精致的感官"(exquisite sensibility)与"判断"(judgment),前者植根于广泛的经验,后者则更多诉诸理智。然而这两者都使得个人趣味趋向于自己的喜爱偏好,同时寻找各种理由为自身的趣味辩解。休谟因此指出,每个人的感受都是同样合理的,要建立某种解决争端的标准,只有诉

---

① David Hume, "Of the Standard of Taste," T. H. Green and T. H. Grose (eds), *The Philosophical Works of David Hume*, the 3rd volume, p.256.

② 〔美〕吉尔伯特、库恩:《美学史》,第 314 页。

③ 〔美〕吉尔伯特、库恩:《美学史》,第 346 页。

诸人们的"同情感"与寻求沟通和理解的天性。个人总是倾向于将自己的感受与他人作一番比较,并分享他人的感受,在这个过程中,他的天性就会促使他认识到自己的感受是与他人密切相关的,因而将二者协调配合,最终修正和肯定自身的感受。由此可见,休谟所说的能够"协调人们不同情感……使我们能够肯定一种情感,指责另一种情感"的趣味标准,实际上就是经过个人反思和比较之后表现出来的趣味本身,经过反思自省之后,人们将自身的特殊情感与理性以及性格协调一致,使之趋向于稳定与持久。换言之,趣味的标准是天然的、属于个人的。只有发自于心灵的情感表达形式才会被他人所承认和接受,休谟因此将建立趣味标准的任务托付给了一群"理想批评家"。

休谟的"趣味"表明了他一贯的情感论。审美趣味源自于人们的审美情感,当人们的审美体验在其经验中占有了一定独特地位时,趣味就形成了,其包含着快乐的情感、偏爱的观念,以及用语言形式表达出来的判断。在人们情绪平静时,这些经验还会以记忆的方式反复出现在人们的脑海之中,所有这些就构成了人们的审美趣味、习惯以及标准。因此我们的审美趣味,一部分来自于我们最初的审美体验,一部分则来自于他人的引导。

这就引出了趣味标准的问题——最为完善和优秀的人,由他们制定趣味的标准;另一方面来说,如果这些人拥有健全的人性以及普遍的感官鉴赏能力,就如同健康的味觉一样,那么其实大多数人都拥有和他们一样的条件,这样一种普遍的趣味标准也就有了稳定的接受和实践群体,休谟就这样为趣味在主体方面寻找到了一个相对稳定的基础。另外,既然审美趣味的标准植根于个人的鲜活体验与观念,那么其必然要参与社会大众的检验,去教育人们并评判艺术。因此这种趣味标准应该是包罗万象的、有代表性的、能够吸引他人效仿的。只有这种具有代表性的标准,才能协调人们千差万别的审美体验。趣味的标准不能脱离世间的传统、功利和希望,而要成为各种趣味的解释者,这个任务就落到了"理想批评家"的身上。

二、理想批评家

休谟认为，要建立某种普遍的趣味标准需要依靠"理想批评家"的力量。因为，"趣味敏感的人确实很少，但由于他们见解高明、才能出众，在社会里也很容易辨识出来。他们所受到的普遍推奉使他们给予任何天才作品的赞语能够广泛传播，在群众中占据优势。许多人，如果只依靠自己，美感就非常薄弱模糊；但一旦经人指出，不管是怎样的神来之笔，他们也都能欣赏"[①]。在休谟看来，这些堪当大任的博学鸿儒们不但肩负着教育国民、去伪存真的责任，更是一个国家和时代文明的标志。"货真价实的诗人或雄辩家每获得一个爱好者，就会通过他争取到更多新的爱好者。尽管各式各样的偏见可能暂居上风，它们决不会联合起来推出一个敌手和真正的天才竞争；相反，它们迟早总要对自然和正当感受的力量投降。因此，虽则一个文明国家在哲学家中作孰优孰劣的选择时选错的情况屡见不鲜，在喜爱某一篇脍炙人口的史诗或某一个悲剧作家之类的问题上发生长时期的错误则是从来没有的事。"[②]

休谟将理想批评家的资格总结如下：（1）细致的敏感或想象力；（2）有足够艺术评论的实践；（3）进行广泛比较；（4）破除一切偏见；（5）健全的理智。[③]休谟针对审美趣味的各种差异对症下药，设定了

[①]〔英〕休谟：《论趣味的标准》，载马奇主编《西方美学史资料选编》上卷，第527页。

[②]〔英〕休谟：《论趣味的标准》，载马奇主编《西方美学史资料选编》上卷，第527页。

[③]〔英〕休谟：《论趣味的标准》，载马奇主编《西方美学史资料选编》上卷，第522页。

理想批评家应该具备的条件:

（一）细致的敏感或想象力

休谟的人性理论认为,美不是完全存在于任何客观事物中的属性,而只存在于鉴赏者的心中,审美个体的心理结构和内部官能直接对审美反应产生重要的影响。休谟将审美看作人的一种官能、一种内在的能力。他认为通过不断的训练,可以提高和改善人的鉴赏力。前文中已经论述过审美趣味与味觉的相通之处,一个人味觉的灵敏程度在于他能否辨别出各种混杂在一起的微妙滋味,而一个人是否具有杰出的审美趣味,也应当以他是否具有迅速而敏锐的审美感受或想象能力为标志。人与人审美感受的敏感程度各有不同,对于那些缺乏审美敏感力的人来说,"要想提高或改善这方面的能力无过于在一门特定的艺术领域里不断训练,不断观察和鉴赏一种特定类型的美"[①]。经过不断反复的训练,审美感官由于经常运用而得到了锻炼,所以就日趋完善了,最后可以达到明察秋毫的地步。所以休谟说,创作和鉴赏各种作品所需要的审美趣味,经过不懈的训练都可以得到。因此,休谟对于批评家的第一条建议是和下面的建议紧密相联的。

（二）评论艺术作品的实践

这里的实践似乎是指批评家应该多对各种艺术评头论足。实际上,休谟的用意在于让批评家应该多体验和沉浸在各种艺术当中,对特定的艺术的体验可以让我们的感受"更加准确和精细"。休谟主张艺术品应该被反复咀嚼、含英咀华之后再下评价。他主张批评家应该努力使自己作出的评价摆脱第一印象的痕迹。

（三）进行广泛比较

只有经常对不同类型的艺术品进行比较,找出其中的差异所在,

---

① 〔英〕休谟:《论趣味的标准》,载马奇主编《西方美学史资料选编》上卷,第522页。

这样才能知道如何恰如其分地进行评价。真正优秀的批评家，是那些对不同国家不同时代的优秀作品进行观察、研究和比较的人。然而休谟所说的比较，还要更进一层，他认为我们不能仅仅只是比较艺术品，而是要评判不同艺术品的价值高低。真正的批评家，是那些能够赋予作品价值的人，趣味标准就是建立在他们的抑扬褒贬之上。①

（四）避免各种偏见的影响

一个好的批评家，必须努力摆脱各种偏见对自己的影响。休谟认为批评家首先要抛弃的是个人好恶的偏见，不能因为作家是自己的朋友或者敌人，就妄下评论，"因人废言"，要不偏不倚地持公正立场来作评判。其次休谟持有一种历史主义的立场，他指出批评家要重视时间和空间的差异，阅读作品时不能先入为主，以今例古，而且要设身处地地将自己放在作品的环境中，理解作品当时的风俗和传统，只有这样才能作出正确的判断。

（五）健全的理智

休谟坚持好的批评家应该具备健全的理智。虽然美感主要来自于感性认识，但是休谟明确指出，"理性尽管不是趣味的基本组成部分，但对趣味的正确运用却是不可缺少的指导"②。休谟认为，在鉴赏那些可以直接引起我们美感的对象时（如鲜花、雕塑或者绘画一类形象直观的审美对象），我们感性的敏感程度是最为重要的因素；但是在欣赏艺术品（尤其是文学艺术）时，就需要健全的理智来指导我们的趣味，因为精致的审美趣味必须依赖于健全的理智。

休谟指出理想的批评家旷世难逢："缺少敏感的批评家往往是随意论断，不作区分，只着眼于对象中那些比较粗陋显著的品质；细致一

---

① 〔英〕休谟：《论趣味的标准》，载马奇主编《西方美学史资料选编》上卷，第529页。

② 〔英〕休谟：《论趣味的标准》，载马奇主编《西方美学史资料选编》上卷，第527页。

些的笔触他就一眼看过,视而不见。如果缺乏训练,他的评语又会有混乱和迟疑的弊病。不运用比较的结果会使他对浅薄可哂、其实应该算作缺陷的'美'佩服得五体投地。偏见的影响会败坏他的自然感受。没有高明的见识,他就不能看到在一切美当中最优越的应居首位的布局和推断的美。大多数人不免要犯以上几种毛病中的一种。"这种'真的判断'是罕见的,受人羡慕的。"①因此,达到这五个条件的精英构成了理想批评家的整体,他们引导趣味,清除审美过程中的各种干扰因素,他们的审美趣味就是大众应该模仿和学习的标准。

这时,休谟就建立了一个"有资格的批评家"的概念,根据这个概念,趣味中的争论就可以在一定范围中解决。虽然休谟仍然认为不同的艺术作品将诉诸不同气质与生活的人,但是正是因为"有资格的批评家"这个概念,休谟的整个体系才有了一个非相对主义的基础:"如果我们已经证明人的趣味有高有低,并非均等;证明通过公众舆论的承认,某些人(不管实际找到他们是如何困难)可以具有压倒其他人的权威——那么这对本书要说明的问题已经是足够了。"②

休谟之所以将趣味的标准问题转移为批评家的标准问题,原因在于,只有树立了这些有迹可循的实践标准,就可以培养出真正的批评家,这些真正的批评家可以引导人们建立真正的趣味。在休谟看来这是具体可行的。休谟的这种做法源自于他对趣味的理解:趣味既是一种与生俱来的敏感感官,又是受文化熏习的优雅习性。而具有理想趣味的批评家们则肩负着引导和改善整个社会文化风尚的责任。

休谟指出,趣味的标准可能存在于某一本书中雄辩的评论,也可能来自一位富于天赋的友人所发表的见解,他们具有深度的意见都能

---

① 〔美〕比厄斯利:《西方美学简史》,高建平译,北京大学出版社2006年版,第166页。

② 〔英〕休谟:《论趣味的标准》,载马奇主编《西方美学史资料选编》上卷,第522页。

够成为我们自己判断的源泉和典范，但只有真正激动我们心灵的趣味才是有生命力的。建立趣味标准的意义不在于使我们依赖于某些专家的意见，而是发掘自己的理性力量。这与康德在《何为启蒙》一文中的观点不谋而合："启蒙运动就是人类脱离自己所加之于自己的不成熟状态。不成熟状态就是不经别人的引导，就对运用自己的理智无能为力。当其原因不在于缺乏理智，而在于不经别人的引导就缺乏勇气与决心去加以运用时，那么这种不成熟状态就是自己所加之于自己的了。要有勇气运用你自己的理智！"①

实际上休谟和康德都看到了这种启蒙理论的理想色彩与其实际上的可行性之间的差距，康德在这篇文章稍后写道：

> 公众要启蒙自己，却是很可能的；只要允许他们自由，这还确实几乎是无可避免的。因为哪怕是在为广大人群所设立的保护者们中间，也总会发现一些有独立思想的人；他们自己在抛却了不成熟状态的羁绊之后，就会传播合理地估计自己的价值以及每个人的本分就在于思想其自身的那种精神。这里面特别值得注意的是：公众本来是被他们套上了这种羁绊的，但当他们的保护者（其本身是不可能有任何启蒙的）中竟有一些人鼓动他们的时候，此后却强迫保护者们自身也处于其中了；种下偏见是那么有害，因为他们终于报复了本来是他们的教唆者或者是他们教唆者的先行者的那些人。因而公众只能是很缓慢地获得启蒙。通过一场革命或许可以实现推翻个人专制以及贪婪心和权势欲的压迫，但却绝不能实现思想方式的真正改革；而新的偏见也正如旧的一样，将会成为驾驭缺少思想的广大人群的圈套。②

---

① 〔德〕康德：《历史理性批判文集》，何兆武译，商务印书馆2002年版，第22页。

② 〔德〕康德：《历史理性批判文集》，第23—24页。

康德这段话恰好可以用来解释休谟建立趣味标准的策略。一方面，理想批评家可以激发群众的启蒙，另一方面，这部分先行者灌输的意见也许会成为新的偏见。休谟承认，即便是最好的批评家也无法建立起一个放之四海而皆准的标准，他们之间也会众说纷纭，意见不一。问题在于，哪些"异见"（disagreement）是"无可指责的"（blameless）呢？寻找趣味标准的关键就在于，一方面需要从正面建立标准，比如从"理想的批评家"入手；另一方面，需要在形形色色的趣味中，辨别出哪些是"无可指责的""异见"，哪些是需要摒弃的个人偏见。

休谟强调了两点造成"异见"的因素：个人的性情气质、历史文化传统的熏陶。在休谟看来，历史文化因素既有历时性的（不同时代的审美风尚），又有共时性的（不同国家地域的传统文化风气）：

> 同样理由，我们在阅读当中总是更喜爱那些类似我们时代和国家的描写和人物，对体现不同风俗的描写和人物则比较冷淡……我们总要费一番气力才能接受"淳古之俗"，才能对公主自己去溪边打水，英雄和国王自己烹调食物不感觉别扭。我们可以笼统地承认描写这种风俗不应归咎于作家，也不该算是作品的缺陷，但我们读了确实不会深深感动。唯其如此，喜剧从一个时代或国家移植到另一个时代或国家，才那样困难。法国人或英国人不会欣赏台伦斯的《安德罗斯的妇人》或马吉阿维利的《克丽蒂亚》；因为在那两篇剧本里，作为全剧关键的女主人公连一次也不对观众露面，总是躲在幕后——而这样正符合古代希腊人和现代意大利人的矜持

脾气。①

在休谟眼中，理想的批评家不仅仅要纠正个人的偏见，更要克服文化造成的偏见。"另一个时代和国家的批评家在读到这篇演说词时，就应该注意到当时这一切情况，应该设身处地想想他所面对的听众是怎样的，才能对这篇演讲作出正确的判断。"②这种包容性是理想批评家应该具有的素质，同时更加体现了趣味标准的多元和宽容的特征。

审美趣味也是一种人文意识的活动。趣味的感知与判断，跟批评家个人意识的发展息息相关。一个人的知识、经验、生命情调，无一不是趣味的主要凭借。有论者认为休谟陷入了循环论证的误区：他究竟是将"理想的批评家"作为基础来推导出可靠的审美趣味，还是以可靠的审美趣味为基础推导出"理想的批评家"，这两者究竟谁为前提，谁为结论？③

这一质疑误解了休谟在这篇文章中的意图，休谟的本意并不在于将几位"理想的批评家"推上神坛，也不是将古代的几部作品奉为金科玉律。简而言之，休谟预设了某些艺术作品是优秀的，意在树立一个标杆，因为这些作品经过了时间的考验，得到了广泛的认同，新的艺术作品如果能够达到这样的要求，那么也应该被视作优秀的作品。"标准"在这里是一种调和不同趣味之间争端的手段，更多代表了休谟对于个人乃至社会树立道德风习的期望。

盖耶指出，休谟的"趣味标准"理论不仅是关于个人趣味的改善，

---

① 〔英〕休谟：《论趣味的标准》，载马奇主编《西方美学史资料选编》上卷，第530页。

② 〔英〕休谟：《论趣味的标准》，载马奇主编《西方美学史资料选编》上卷，第527页。

③ 〔英〕亚历山大·布罗迪：《苏格兰启蒙哲学》，三联书店2004年版，第289页。

更涉及传统与文化的传承。人们见贤思齐改善趣味的过程,实际上也正是社会秩序的逐渐形成。①同时,个人对于趣味标准的追寻,不仅意味着个人素质的改善,更寄托了对于某种社会改良的期望。

三、趣味标准与道德原则

休谟的审美评判中有着很重的道德判断成分,他花了不少笔墨陈述道德判断对审美判断的影响,"道德原则方面的情况与各类思辨的意见不同……我们无法摆脱我们长期习惯的道德准则来产生另一种褒贬爱憎的情感……如果一个人确信自己判断所据的道德原则是正确的,他就会忠实地坚持它,不能因为他对作者表示尊重而稍微背离自己内心的情感"②。在文章开篇,休谟还以《古兰经》为例证明自己的观点——利害立场影响审美评判:"《古兰经》中的故事与文明社会全不相容,但对于其信奉者而言,在这里没有什么稳固的是非标准原则可说,对每种行为的褒贬只看对他的信奉者有利与否而定。"③

休谟一方面坚持道德立场和原则影响审美,另一方面又反复申说,好的艺术与劣质艺术的唯一区别就在于,好的艺术能够给人愉悦。他在《论悲剧》一文中全篇都在说明这个观点——文学应该给人愉悦的体验。那么,休谟如何来调和这两个看似不相容的观点呢? 值得注意的是,在休谟看来,并没有什么"为艺术而艺术"的金科玉律,文学实际上是一种"实用写作"(practical writing),有其实际效用。在他看来,"每种艺术各有其特殊的效用,在估量艺术作品的完美程度时,就要看它是否适于达到这个目的和达到的程度如何。雄辩的目

---

① Paul Guyer, "Values of Beauty," Cambridge: Cambridge University Press, 2005, pp.37-76.

② David Hume, "Of the Standard of Taste," pp.283-284.

③ David Hume, "Of the Standard of Taste," p.267.

的在于说服人，历史的目的是教导人，诗的目的就是用激情和想象来打动人，给人以快感或愉悦。在我们阅读任何作品时，必须时时考虑它们的这些目的……"①

由此来看，休谟之所以没有明确区分开审美趣味和道德评判，是因为当一件艺术品再现了人的某种行动或心理，那么对这件艺术品的欣赏自然就包括了对其再现的行动的评价和理解，这也就是在休谟眼中审美趣味和道德评判不可区分的原因。"艺术品的虚构性质可以减轻我们因同情而产生的感情反应，把这种感情调节到某种程度使之成为一种愉快的欣赏。"②休谟最为重视的就是人类的道德感，他认为我们在欣赏一件艺术品的同时，也在对其反映的美德和恶行进行道德上的评判，这两者共同导致了我们对不同的作品或赞许或非难，而不仅仅是简单的喜好。

在纷杂多样的个人趣味中，休谟将其划分为两类：粗俗的趣味（vulgar taste）和精细的趣味（refined taste）。出于一贯的经验主义立场，休谟没有断定粗俗的趣味就是错误的，因为其同样是源自人的情感体验，他采用了另一种方法来说明自己的观点。粗俗的趣味易于反复，更多带有个人偏见，而精细的趣味有矩可循而且更加稳定。这两者很大程度上都受到人性"通则"的影响，但"认真留意于科学和文艺，能使人的心性柔和，富于人情，而真正的美德就在其中了。一个有良好趣味和学识的人，一般会是个正派人"③。

休谟的这番推论并非心血来潮，而是植根于他对人性的深刻思

---

① David Hume, "Of the Standard of Taste," p.277.
② David Hume, "Of Tragedy," T. H. Green and T. H. Grose (eds) *The Philosophical Works of David Hume*, the 3rd Volume (London: Longman) 1874-1875, p.177.
③ David Hume, "The Sceptic," T. H. Green and T. H. Grose (eds) *The Philosophical Works of David Hume*, the 3rd Volume (London: Longman), 1874-1875, p.150.

考。休谟在《人性论》中详细解释了他的观点：

> 当一个在很多的条件方面与任何原因相类似的对象出现时，想像自然而然地推动我们对于它的通常的结果有一个生动的概念，即使那个对象在最重要、最有效的条件方面和那个原因有所差异。这是通则的第一个影响。但是当我们重新观察这种心理作用，并把它和知性的比较概括的、比较可靠的活动互相比较的时候，我们就会发现这种作用的不规则性，发现它破坏一切最确定的推理原则；由于这个原因，我们就把它排斥了。这是通则的第二个影响，并且有排斥第一个影响的含义……一般人通常是受第一种通则的指导，明智的人则受第二种通则的指导。同时，怀疑主义者也许会感到高兴，因为他在这里观察到我们理性中一种新的显著的矛盾，并看到全部哲学几乎被人性中的一个原则所推翻，而随后又被这个同一原则的一个新的方向所挽救了。遵循通则是一种极为非哲学的概然推断；可是也只有借着遵循通则，我们才能改正这种和其他一切的非哲学的概然推断。①

显而易见，休谟认为粗俗的趣味更多受控于"第一种通则"，而精细的趣味则偏向"第二种通则"，尽管两者都属于正常的人性范畴，但毫无疑问，稳定和规范的精细趣味远比反复无常而"具有破坏性"的粗俗趣味更为可取，因其具有敏锐的洞察与冷静的反省色彩，而不至于为一时的表象所欺骗。趣味来自于经验，只有通过长期的熏陶才能将审美经验沉淀为习惯与性格，形成稳定而持久的精细趣味。

那么，精细的趣味究竟包括哪些细则，休谟并没有条分缕析地去

---

① 〔英〕休谟：《人性论》上册，第172—173页。

说清楚这个问题,而是试图用一个故事去让读者自己体会。他引用了《堂·吉诃德》中一个关于品酒的小故事。这个故事隐含着休谟趣味概念的两层含义:一种是对好的东西的偏好,桑科的两位亲戚都能尝出好酒,表达他们对那桶好酒的偏爱;另一种是对组成一个东西的细小成分的辨认,比如桑科的两位亲戚一个能够辨别出酒里有点皮子味,一个能够辨别出酒里有点铁味。休谟将这两层含义都当作构成精细趣味的内容。然而,有论者却指出,这两层含义是不相容的。从对一个东西的组成成分的精确辨认中,不能推出对这个东西的偏好。对这个东西的偏好只是个人趣味问题。[①]趣味只是事关个人享受的问题,一个人可以选择这种趣味,也可以选择那种趣味,只要他能够在自己感兴趣的东西中获得快乐就行。由此就没有理由说某种趣味更高级,更不能说某种高级趣味是唯一合法的趣味,审美趣味不是道德要求。

我认为这种观点忽视了休谟笔下"精细趣味"的另一个含义:"虽然写作的美还没有条理化,没有归纳成为一系列普遍规律,虽然公认完美无缺的典范还没有找到;趣味有高有低,一个人的鉴赏能力比另一个人强,这还是不可抹杀的事实。"[②]这些趣味本身的存在,就可以鼓励人们不断进行实践和比较来改善自己的趣味。经过反复锻炼的感官,当面对特定的审美对象时,它们会形成对对象各方面性质的想象与期待。因此除了突出个人的敏锐感官能力,桑科的故事更多还蕴含有审美心理方面的意味。"趣味的标准"并不是一个有着各种明确属性的概念,而是上文所说的那种"期待"(expectation)。尽管品酒的趣味"没有条理化,没有归纳成为一系列普遍规律",但品酒者经过多年的实践和比照,他面对各种美酒时,就会不自觉地按照某种他心中理想的标准进行品鉴。而那些理想的读者和批评家们,也和品酒

[①] Peter Kivy (ed.), *The Blackwell Guide to Aesthetic* (Oxford: Blackwell Publishers, 2004), p.167.

[②] David Hume, "Of the Standard of Taste," p.273.

者一样,他们"卓越的智力加上敏锐的感受,由于训练而得到改进,通过比较而进一步完善,最后还清除了一切偏见",因此能够去伪存真,发现各种作品的精髓所在。①休谟在这里暗示了,对可变事物保持敏感,兼听则明排除偏见,这些不仅是审美的能力,更是培养健全道德判断的必经之途。

18世纪的人们往往将道德判断运用在人生的各个方面,同样,休谟认为人的趣味在神学、哲学、伦理学、科学、诗歌及其他各种艺术中都起着作用。休谟在《人性论》中就暗示道德判断与趣味判断其实是同一回事,同样依赖于"心的特别构造和结构":

> 心灵不满足于单纯考察它的对象,把这些对象看作是物自身;它还在考察中感受到某种愉快或不快、赞许或谴责的感情;这种感受……决定着心灵附加给对象以美的或丑的、可亲欲的或可憎恶的性质。所以很显然,这种感受必定依赖于心的特别构造和结构,它能使这样一些特殊的对象形式在这样特殊的方式下起作用,从而产生出和它的对象之间的某种共鸣或呼应。②

鲍桑葵明确指出,休谟的"趣味"纯粹是一种感受,这种"感受"则是渗透着情感或为情感所唤起的心态、思想或判断。因此"可以同快感和不快感一起受到一定性质的结构和关系的影响,可以由思考力加以分析"③。传统的经验主义认为感受因个人和环境而异,变化无常,无规矩可循。而休谟试图为一个普遍有效的趣味判断提供基础,这一基础有赖于人皆有之的愉快和痛苦的情感体验。"情感"是连接

---

① David Hume, "Of the Standard of Taste," p.278.
② 〔英〕休谟:《人性论》上册,第122—123页。
③ 〔英〕鲍桑葵:《美学史》,第236页。

外在世界和个人心灵的桥梁,更是休谟"趣味标准"理论中的关键。

休谟肯定个人的感情体验是审美趣味和道德判断的基础,但却没有走上相对主义的道路。因为休谟认识到,传统和文化修养并不是确定的,但是,毕竟比动物性的本能直觉更可靠。很明显,趣味的原则比物理定律更加不确定。艺术价值与情感好恶不能像数学定律一样进行观察或测量。相反,趣味的标准需要人们感情好恶来确定。当休谟说荷马是伟大的诗人,他不是要指定荷马本身的某种特征,而是表达历史上人们对荷马的反应和看法。而且,这些感情好恶是人类自然而共同的反应。趣味可能受到个人经验、文化风气以及社会习俗的影响,但是并不仅仅是其中任何一个因素的简单产物。休谟对"趣味标准"的树立,其用意就不仅仅在培养人们健全的道德判断和审美能力,更是一种对受众的持续同化,使其铭记一个民族的精神气质。

在笔者看来,休谟并不是意在树立一个傲然于社会顶层的精英群体,恰恰相反,休谟认为无论审美判断还是价值抉择,都不可避免地属于个人主观的认定,但主观的认定却不能赋予它任何客观的价值。同时,休谟证明个人尽管具有自私自利的动机,但他自己的行动和情感却具有共通的性质与规律,因此由个人出发的道德普遍立法是可能的。由此休谟点出了一个颇带现代色彩的问题:"个人的信念,只有在公共的论述中方能证明自身的理据与价值,因为在公共的语境中,个人的选择才会面对与自己一样具有主观确定性的异己信念,才会受到认知与道德两方面的考验。"[①]也只有承认异己与自己一样拥有道德信念,才能迫使文化与历史的甄别成为道德抉择时的有效拘束。康德念兹在兹的道德禀赋带有更多个人启蒙色彩,而休谟追求的是一个由平等的个人组成的"公共"远景。一个具有健康趣味的人,能够用理智来充实和反思自身的情感,用文明的想象力来理解社会与世界,用同情

---

① 钱永祥:《在纵欲与虚无之上》,三联书店2006年版,第6页。

和合作的本能来造福他人。这样的人方能成为社会道德的标杆和进步的基石,而健全的趣味是他们身上必不可缺的标志。

与康德的先天道德律令不同,休谟所说的道德原则更多带有"习惯"的意味,他之所以推崇精细的趣味是因为抱着这样的期望:健康的趣味会在社会中起到示范和引导的作用,最终建立起全社会共同接受和认同的某种"信念"(belief)。休谟的这个观点与亚里士多德如出一辙。亚氏认为人的德性分为两类,一类是理智的,一类是伦理的,理智的德性主要得自于教导与培养,因此需要个人长期的经验与实践,而伦理的德性则是由风俗习惯沿袭而来。因此"我们的德性既非出于本性,也非反乎本性生成,而是自然地接受了它们,通过习惯而达到完满"[①]。休谟与亚里士多德一样敏锐地注意到人性的一个弱点,人最初只相信某种外在的教导和启示,需要有一套偶然的经验的规章使他们受到初步的规范。而在这一过程中,文化精英与"趣味标准"的作用至关重要,因为其保证了历史文化的连贯性和不断深化解释的可能。

---

① 〔古希腊〕亚里士多德:《尼各马科伦理学》,中国社会科学出版社1999年版,第28页。

第四章　休谟的艺术杂论及其美学影响

休谟对社会生活和人类本性的精细观察不仅体现在他的哲学著作中，同时也贯彻于他一生持之不倦的散文写作中。休谟不是一位枯坐书斋的哲学家，正相反，他对于社会与人生的具体问题均抱有深切的关注。休谟的散文写作展现了他对于广泛的社会生活和个人情感道德问题敏锐而深刻的见解，尤其是涉及美学和文艺以及道德人生的篇章，尤其见出休谟洞察人情，说理清晰合乎情理，富有历史感和人情味的特点。休谟的散文名篇植根于他一贯的经验主义哲学思想，将其哲学原则运用于具体的社会问题中，使得原本晦涩的哲学思想变得更加有血有肉。通过阅读休谟的散文，能够帮助我们更加深刻地理解其哲学、美学和伦理学思想，更可以揭示休谟在运用其哲学原理论述具体问题时的观察分析理路，这对于我们全面地理解休谟的思想有相当大的意义。

第一节　休谟的艺术杂论

休谟是一位爱好文艺的哲学家，他在自己的哲学论著《人性论》

《人类理智研究》以及《论道德原理》中,都时常运用艺术为例来说明其哲学观点,包括关于美之本质的探讨,以及趣味和想象力等理论,表现出他对于文艺的浓厚兴趣和很高的文学修养。但在这些段落中,休谟更多将主题放在情感、伦理以及道德问题上,很少单独以艺术为主题。实际上,休谟创作了不少论及艺术的短文,如《论悲剧》《论艺术与科学的兴起和发展》等都是其中的名篇。这些文章不但展示了休谟对于悲剧及其他文学艺术的有趣观点,并且为我们提供了阐释休谟美学的独特角度。另外,休谟的名作《英国史》中也对文艺以及大众趣味的问题有着精辟的论断,值得我们重视。

一、《论悲剧》

休谟的《论悲剧》一文最初发表于文集《论文四篇》,其中另外三篇文章分别是《宗教的自然史》《论情感》以及《论趣味的标准》。与其他三篇文章一样,休谟在这篇文章中将他的哲学观点延续到了具体的实际问题中,主要探究悲剧何以能使观众从恐惧、愤怒和悲伤等负面情绪中获得快感。这是西方美学史上的一个老问题,从亚里士多德开始历代思想家就多有论述,但休谟从自身所处时代的戏剧出发,运用自己独特的经验主义哲学,对这个问题作出了有趣的阐释。

休谟在文艺方面爱好广泛,在诗歌、戏剧,演讲以及小说等领域都有所涉猎。因此他的《论悲剧》一文,取材论述并不局限于传统戏剧的悲剧范畴,而是将论述的主题扩展到了小说、诗歌、历史等领域。实际上这篇文章探讨的是《人性论》中的一个重要问题——相互冲突的情感混合与彼此之间的影响转化,"人性中有一个可以注目的特性,就是:伴随着一种情感的任何情绪,都容易转变成那种情感,虽然就其本性而论,两者原来是互相差异的,甚至是互相反对的"①。休谟借助悲剧以及小说等艺术来说明,悲伤、愤怒、恐惧等情绪如果强度和比例合适,同样可以给人带来快感。

休谟在《论悲剧》的开篇就批驳了杜博斯的观点。杜博斯认为,心灵时常会处在倦怠的毫无生气的状态中,为了使人们从这种状态中摆脱出来,人们就到处寻找能够引起他们兴趣的东西。只要能够唤起他们的激情,转移他们的注意力,不论引起的激情是什么,即便是使人不快的、苦恼的、悲伤的也好,也总强于枯燥乏味的状态,而悲剧就恰恰能够满足这一需求。

休谟肯定了杜博斯的观点有一定的道理。但他指出,并不是悲剧使得人们摆脱无聊,而是悲剧中表现的哀苦情节使人感受到真实的情感。假如这些惨事发生在现实生活中,其强度会更大,更能激发人们的情绪。休谟举例道,假如听说公开处决某些犯人,那么再精彩的戏剧也无法吸引人们继续坐在戏院里,他们一定会涌上街头去感受那种真实的兴奋与恐惧,那么杜博斯的观点也就不再成立了。

休谟接着介绍了丰特奈尔关于悲剧的理论。丰特奈尔是最早见出悲剧中痛感与快感紧密相关的人之一,他认为快感与痛感在起因上差别不大。例如,搔痒通常产生一种愉快的感觉,但如果用力过分,就可能引起痛感。因此,快感只是减弱的或者减轻的痛感。我们在悲剧中体验到的情感也与此大同小异,它主要是痛感,但这种痛感被戏剧的幻觉减弱而变成快感。丰特纳尔写道:"在我们所看见的一切当中,归根结底总有一点虚构的意识。这种意识尽管微弱,却已足够减弱我们看见自己喜爱的人受苦时感到的悲痛,把这种痛苦减少到很弱的程度,以致把它变为快乐。我们为自己喜欢的人物的不幸而哭泣。与此同时,我们又想到这一切都是虚构的,并用这想法来安慰自己。正是

---

① 〔英〕休谟:《人性论》下册,关文运译,商务印书馆1980年版,第457页。

这种混合的感情形成一种悦人的哀伤,使眼泪带给我们快乐"①。

休谟认为丰特奈尔的观点很有道理,但还不完善。他接受了痛苦可以转变成快乐的观念,但却反对把这一转变说成是幻觉感造成的。他举出西塞罗讲演中关于维尔斯残杀西西里俘虏的动人描述为例。这一事件并非虚构,所以西塞罗在法官和听众当中唤起的深切的同情和满足不可能归因于虚幻感。在休谟看来,这是雄辩的效力,而他所谓雄辩是指艺术表现的美。悲剧感也主要由于雄辩的力量。怜悯和恐惧总是比欢乐或满足更能打动人心,在心灵被怜悯和恐惧打动之后,它就更能敏锐地感受诗的音乐和优美。在阅读悲剧或听到朗诵悲剧时,我们也必定体验到痛苦。但这痛感却被艺术表现的美引起的快感湮淹没了。休谟说:

> 用这种办法,不仅忧郁情绪的不舒适完全被更强烈的相反的情绪所征服和消除,而且所有这些情绪的全部冲动都转变成快乐,更加增强了雄辩在我们心中引起的欣悦之情。②

休谟看到了丰特奈尔理论中的问题所在。首先,快感并不能像丰特奈尔所说那样,仅仅描述为减弱了的痛感。快感与痛感之间的差别不仅是量的差别,而且基本上是质的差别。痛感可以产生快感,但痛感只要还是痛感,就不是快感。此外,快感和痛感可以混合在一起,但混合的情感却有它自己的特征,既不等于减弱的痛感,也不等于增强的快感。

休谟理解的悲剧所产生的快感有两个层次。首先,悲剧与人们心中固有的观念发生冲突与碰撞,观众可能会对剧中的某些场景和情节

---

① 《人性的高贵与卑劣——休谟散文集》,杨适译,上海三联书店 1990 年版,第 180 页。

② 《人性的高贵与卑劣——休谟散文集》,第 179 页。

无法接受，休谟以当时的某部戏剧为例，在这部悲剧中愤怒的老人撞死于柱上，血浆横飞，这种激烈的场面无疑对观众冲击过大，会使观众产生厌恶。因此好的悲剧能够预计到观众的心理，对观众的刺激能够控制在可以接受的范围之内。在这种情况下，恐惧和悲哀成为一种强烈的刺激，唤起人处在危急情境下非同寻常的生命力。它使心灵震惊而又充满蓬勃生气，所以也包含着一点快乐。英国16—17世纪的戏剧从基德《西班牙悲剧》经由莎士比亚一些悲剧开始，流血、恐怖的特点在悲剧中大大得以发展，以至于被称作"血的悲剧"。除常见的疯狂、谋杀、复仇以外，还涉及变态的畸恋如乱伦之类。戏剧中泛滥的恐怖情感为清教徒反对戏剧提供了口实。1642年，清教徒通过议会关闭了伦敦剧院，后来禁令才被取消。熟稔文艺的休谟对于这一段时期的戏剧也多有不满，从《论悲剧》中我们就可以看出休谟的褒贬之意。

另一方面，休谟强调悲剧的快感来自于模仿。模仿首先体现了悲剧的虚构性与距离感，悲剧是"距离化"地模仿生活，而舞台表演的虚构性无疑是"距离感"的因素之一。的确，我们在欣赏悲剧时，也许不会像丰特奈尔认为的那样，有意地注意到"这一切都是虚构"，但我们并不把悲剧当成可以对我们个人产生影响的生活现实，而正是这种理想的性质减弱了现实生活中类似的不幸和灾难通常会有的痛苦。休谟举例说明，莎士比亚对于奥赛罗的嫉妒的细腻描写，使得我们感同身受，体验到了至高的悲剧感，但如果有人对丧子的父母反复铺陈丧亲之痛，无疑就会加深他们的痛苦。休谟强调，"如果想象的活动不能高于情感的活动，就会产生相反的结果"[①]，例如，"维尔斯的耻辱、混乱和恐怖都毫无疑问随着西塞罗崇高的雄辩而增强，他的痛苦和不安也是如此"。因此，雄辩要产生效力，就不能允许实际的态度妨碍想

[①] 《人性的高贵与卑劣——休谟散文集》，第186页。

象的发挥。在西塞罗演说的时候,维尔斯的感情和其余听众的感情之所以不同,就在于法官和听众们不像维尔斯那样与这件事有切身的关系,因而可以采取一种较超然的态度对待这件事,也就是说,他们更能够把西塞罗对这场屠杀的描述当作虚构的故事来欣赏。

而"模仿"的另一层意义在于,悲剧通过对于各种悲伤、烦恼、愤怒以及同情等情感的描写,激发和提升了我们心灵的感知能力和高尚情操。休谟认为心灵一旦被怜悯和恐惧打动,就对艺术的作用更加敏感,这一观点表现出他心理学上的独特眼光,对我们理解悲剧快感也是极有价值的贡献。艺术欣赏基本上是一种情感经验,我们必须为之进行准备。在我们感受艺术的伟力之前,要想使它能发挥最大效力,必须先使心灵具备适当的情感基调。悲剧比其他艺术效果更强烈,就是由于它通过激起数种强烈的感情,使心灵达到极高的情感基调,从而使它最适于接受艺术的影响,欣赏声音与形象、比例与和谐等。

卡西尔认为,我们在观看悲剧作品时,不会被自己的情绪所支配而变得神魂颠倒,"审美的自由并不是不要情感,不是斯多葛式的漠然,而是恰恰相反,它意味着我们的情感生活达到了它的最大强度,而正是在这样的强度中它改变了它的形式"①。在这个意义上,休谟强调情感之间的转化以及艺术对于情感的净化与提升,"想象力、表现力、修辞以及摹写再现的魅力,所有这些艺术能力就其本身而言,都很自然使得心灵感到愉快,如果这些能力所表现的对象抓住了某些感情,那么由于它能把这些较低的感情转变和提升为某些优秀高级的东西,就能够长久地给予我们快感"②。在欣赏悲剧的过程中,我们复杂的人格与悲剧传达的情感发生应和,而优秀的悲剧能够将繁多的情感冲突最终归于平静,化杂多为整一,形成一种积极的情感力量。与此

---

① 〔德〕恩斯特·卡西尔:《人论》,甘阳译,上海译文出版社 2000 年版,第 189 页。

② 《人性的高贵与卑劣——休谟散文集》,第 186 页。

同时,"我们在艺术中所感受到的不是哪种单纯的或单一的情感性质,而是生命本身的动态过程,是在相反的两极——欢乐与悲伤、希望与恐惧、狂喜与绝望之间的持续摆动过程"①,在此过程中艺术使我们的情感赋有审美形式,也就是把它们变为自由而积极的状态,由此情感具有了某种塑造我们性格和认知的力量。

二、《论艺术与科学的兴起和进步》

在同时代的经验主义哲学家中,休谟的历史意识相当独树一帜。他重视社会政治和历史文化对于个人经验与信念的影响,坚持"一切从经验而来的推论皆是习惯的结果"。在艺术和审美问题上,休谟的这一观点体现得尤为明显。

休谟的《论艺术与科学的兴起和进步》一文试图论述艺术与科学兴起的原因。休谟对因果关系的质疑闻名于世,在他看来,艺术与科学之"因"之所以难于探究,是因为两者涉及的是个人身上"精致和微妙的气质","(这种气质)只要某一具体的个人在健康、教育或运气方面发生很小的偶然变化,常常就足以使它改变或阻碍它们发生作用"②。贸易和政体改革涉及个人对于权力、成功和财富的普遍情欲,这些欲望是人们心中不熄的火焰。而艺术与科学涉及人的好奇、敏感、求知欲,这些情感则没有那么强烈的效力,同时需要人们青春的精力、闲暇的光阴、完善的教育、聪颖的天赋以及追随的榜样种种条件来支持,稍有差池便会失之千里。休谟由此感慨,艺术与科学常常会受到最微小的偶然事件干扰,其原因也最为幽秘难解。

但是,休谟并没有把艺术与科学成就简单视作个人才能的灵光一

---

① 〔德〕恩斯特·卡西尔:《人论》,第191页。
② 《人性的高贵与卑劣——休谟散文集》,第33页。

现,在这篇文章中休谟看到了艺术与科学的另一个成因,即民族和文化的土壤。如他所言,"点燃诗人灵感的火焰不是从天上降下来的,它只是在大地上奔腾的东西,从一个人胸中传到另一个人,当它遇到最有营养的材料和最幸运的安排时,就燃烧得最旺盛明亮。因此,关于艺术和科学的兴起、进步的问题,并非是少数人的趣味、天才和精神的问题,也是一个涉及整个民族的问题。在某种程度上,我们可以把后者看做是一般的原因和原则"①,休谟由此通过自己对于历史深刻的观察和思考,总结出了艺术和科学发展的四点原因:

一是自由的政体有助于艺术和科学的诞生。"所有(上述)这些因素,只有自由的政治才能提供,所以它是艺术和科学唯一适宜的摇篮。"②这里的"自由政治"与君主专制政体相对,指的是依靠成熟的法律和各级行政机构实施统治的政体,并非单指民主政体。休谟认为,艺术和科学源自人们自由的想象和创造,而在专制政体之下,普天之下莫非王土,帝王的意志至高而不可违抗,因此人民往往只能屈己媚上,压抑自己的才能和趣味。而在一个具有稳定法律和政府的环境中,法律和各种行政机关足以保证公民的生命和财产安全,在这种情况下,学术方能抬起头来得到繁荣,而这一切都不可能在压迫和奴役里存在。相反,自由的政治可以激发人们彼此仿效和竞争的精神,从而使得人们的天赋与才能得到充分的发挥,因此自由政体才是艺术和科学适宜的摇篮。

康德在《何为启蒙?》一文中,重复并引申了休谟的这一观点。康德指出,君主制国家权出自上,此"权"自然包括公民的思考和创作权,因而从根本上与启蒙的真意相悖。启蒙要求人们勇于运用自身的理性为一切立法,而君主制国家中,就算遇上开明的君主,手握雄兵,

---

① 《人性的高贵与卑劣——休谟散文集》,第 37 页。
② 《人性的高贵与卑劣——休谟散文集》,第 43 页。

政治稳定,且心知自由的文艺与学术对统治有益无害,即便如此,最好的局面不过是"可以思考,随便你们思考什么,怎么思考。但是要听话"①。开明的君主制仿佛为公民提供了更大的自由,然而其实际上与启蒙的原则背道而驰,因此这种制度下的文艺与学术的发展已经先天带有了不可逾越的局限。反之,民主国度下貌似程度较小的公民自由,却能够为每个人发展自我的才能提供土壤。而随着人们慢慢发现启蒙与自由的意义,不断挖掘出自身的能力,这就反过来推进政体,使其更加尊重人们的自由与尊严。康德不仅赞同休谟的文艺发展观点,更能悠然心会休谟关于人之启蒙与历史渐进的看法,真可说知音难得。

休谟提出的第二点是,文化和学术的兴起,最有益的条件莫过于独立国家之间彼此相邻,相互有着密切的贸易和政治往来。如此各国之间在艺术和学术上能够形成良性的竞争,相互学习共同进步,同时可以通过比较与批评来传播优秀的文化。另外,休谟认为小国林立能够形成百家争鸣的思想盛况,而一家独大的霸主往往容易走向思想的专制以及对人民的愚化。"大国中的老百姓很难见到王公贵族,对他不熟悉,不了解他的弱点,自然会迷信崇拜他们。大国还能够提供巨大的财力物力来摆出壮观的体面排场,使普通百姓们看了目瞪口呆,这也很自然地有助于奴役他们。"②反之,邻近的小国因为在技艺和贸易上往来很多,使得各国的人民都能有机会关注别国的种种趣味与学术,并自然地去检验各自在技艺和学术上的成就。休谟热情赞美了古希腊的城邦国家,认为正是因为这些国家相互邻近,交流频繁,空气自由,人民的才智得到了磨砺,因此诞生了灿烂的希腊艺术与科学,而基督教和天主教教会的思想垄断则扼杀了文化与学术。

---

① 〔德〕康德:《历史理性批判文集》,何兆武译,商务印书馆1990年版,第31页。

② 《人性的高贵与卑劣——休谟散文集》,第44页。

休谟由第二个观点自然过渡到了他关于艺术与科学的第三点看法：相较而言，共和国对科学的成长较为有益，而文明的君主国家则有助于艺术的发展。在休谟看来，科学关乎大部分人的实际生活，在共和国中，一个人只有靠自己的勤勉和知识，使自己成为有用之才，才能从众人之中脱颖而出，这样的制度能够培育出良好的科学；而艺术取悦的是少部分受过高等教育、家资殷实、生活闲暇的上流人士们，在这样的社会中要想出人头地，个人就必须尽力锻炼自身的趣味与鉴赏，方能得贵族们的青眼一顾，如此的社会氛围自然有助于艺术的发展。休谟的观点看似有势利攀附之嫌，实际上他延续了自己一贯的经验主义立场，认为无论是国家制度的改善还是艺术与科学的进步，都只能建立在人类经验知识不断积累的基础之上。这样的进步虽然缓慢，但是却如同根深蒂固的树木，一旦生根发芽，就不容易为一时的暴行而毁灭。而任何超越经验之上、所谓万世不变的"秩序"与"理想"，实际上只不过是野蛮和愚昧的延续。

这里有必要说明一下休谟笔下"共和国"（republic）的内涵。这种政治体制的主要特点与民众才智成长教育以及艺术和科学发展的内在关系，是一个非常有趣而有现实意义的话题，这里限于篇幅，只能略加探讨。共和制起源于古希腊的雅典、斯巴达等城邦，古罗马以及中世纪威尼斯、佛罗伦萨等邦国也采用共和制。然而休谟此处的议论并非发思古之幽情，实是针砭时弊，有为而发。休谟所说的"共和国"，不仅仅单纯指雅典、斯巴达等古代城邦，其言下之意更包括当时名为"王国"（kingdom）、实为"虚君共和制"的英国，与之相对的"文明的君主国"为何？答案不言而喻，自然非英国的近邻法国莫属。休谟笔下的"共和国"，实际上已经是受到洛克影响的现代"共和"。古代雅典、斯巴达乃至罗马的混合均衡政体，其基础是贵族、平民等阶层的划分，使得上位者可以博采各家所见，兼顾各个阶层的利害。而休谟脑海中的现代共和国，其基础在于公民的平等地位与自由权利。在这一前提下,人们才有可能不盲从于权威,不屈服于强力,大胆运用理性,凭借自身的经验和认识去发展创造繁荣的文化。

休谟的第四个观点是,任何国家的艺术和科学达到顶峰时,它们就必然会趋于衰落,而且很难恢复往日的繁荣。休谟是从他对历史的观察中得出这一观点的,他承认人的自然才能也许在一切时代都差不多,但如果一国的文学艺术已经相当成熟,那么后来者总免不了在先贤面前自惭形秽,"眼前有景道不得,崔颢题诗在上头",因此没有勇气进一步创作。另外,如果某国之前出现过伟大的作家,公众们往往会将赞誉全部投向他,而且形成某种先入为主的成见,以至于后来者无论如何努力也无法获得相同的声誉。休谟的论点看似犬儒悲观,但我们仔细体会休谟的言外之意就会发现,这位笃好文艺的思想家实际上是借文艺问题来强调思想与情感自由对于社会发展的重要性,无论是艺术或科学,只有自由的创造和竞争才能激发人们的才能,而对于权威或是秩序过分的尊崇则会损害人们发挥自身的才智。另一方面,艺术和科学的勃勃生机源于自由宽容的社会氛围,一旦群众陷入权威的迷信和僵化高压的教条之中,那么就如休谟所说,"地力耗尽,这块土壤上再也不能产生出任何完美的东西来了"。

三、《英国史》中对于文艺的见解

休谟35岁后将自己大部分的精力投入到著述《英国史》(*The History of England*:*From the Invasion of Julius Caesar to the Revolution*)的事业中去。这部著作融合了休谟的哲学思考与历史观念,厘清了英国从封建混合政体到立宪君主制的历史脉络,是休谟一生思想的结晶。休谟在《英国史》中发表了很多对于文学艺术问题的精妙见解,更为难得的是这些观点并不是孤立的文艺观念,更构成了休谟历史观的重要部分,因此,如果不对休谟在书中的文艺观点加以深究，就不能很好地理解休谟在《英国史》中展现的历史观念。

休谟在《英国史》中对于艺术有一著名的见解："艺术和商业是自由和平等的产物。"①这个观点在他的《论艺术与科学的兴起和进步》一文中就有过论述，在这篇文章中休谟梳理出了历史发展的两个线索，一是物质财富的积累，另一是艺术与科学的发展。物质方面的进步之易于理解在于，"贪婪，求财的欲望是一种普遍的情欲，它在一切时间，一切地方，一切人身上都起作用"②，而艺术与科学发展的原因则难于探求得多，因为艺术与科学取决于太多偶然的因素。"在任何国家中从事艺术与科学事业的人总是少数，他们的志趣、愿望的作用是有限的；他们的鉴赏与判断能力是敏感而容易改变的；他们作用的运用发挥常常受最微小的偶然事件干扰，所以机遇和许多难以探明的原因，对于一切艺术的兴起和进步必有重大的影响。"③

在休谟看来，艺术与科学的兴起较之社会制度与经济的发展，因其更多出自个人的才华以及偶然的因素，其原因难以索解，但也正因为此，艺术与科学对于历史发展的影响反而更为微妙和深远，这也是休谟在《英国史》中试图表达的一个重要的观点。休谟坚信社会历史是一个不断进步的过程，个人的天才、思想观念和偶然事件能对历史发展有所影响，甚至起到决定性的作用。历史事件可以认识和解释，但社会历史的发展并没有一定的类型和模式，对之很难做出概括和预定的结论，因此历史实际上是习惯、传统和经验的积淀。休谟的这一历史观源自于他的经验主义哲学思路，在他眼中，理性和因果关系均不足恃，习惯与传统才是人类智慧的唯一宝库。休谟对《大宪章》的评价最能体现他的这一观点："在每一种变革中，政府唯一需要遵循的规则

---

① 〔英〕休谟：《英国史》第 2 卷，刘仲敬译，吉林出版集团 2012 年版，第 109 页。

② 《人性的高贵与卑劣——休谟散文集》，第 35 页。

③ 《人性的高贵与卑劣——休谟散文集》，第 36 页。

就是当时的惯例（the established practice），因其能够维系政府的权威……熟悉古代政体，用意在于教导人们对照古今，珍惜目前的宪法，展示我们最完备的宪法有这样微茫残缺的起源，教导人们：众多的偶然事件，再加上少许智慧和远见，建立了最完美也最复杂的政体。"①在休谟看来，要想探求这种偶然性的规律，从大众和经济的角度根本无处措手，唯有文化与艺术既表天才，兼关世运，方能与历史的偶然性暗合一二。休谟的《英国史》中对此颇多着墨，限于篇幅，笔者只能择其部分加以略述。

休谟在《英国史》第一卷记述阿尔弗雷德大帝少年生涯的章节中，就展开了对文化艺术问题的论述。在休谟的记述中，阿尔弗雷德大帝生来具有盎格鲁-撒克逊人蛮武的天性，但在王后的鼓励之下，从学习民族歌谣启蒙，进而掌握了拉丁文的知识，古代诗篇更激发了他的豪迈之志。休谟指出，阿尔弗雷德大帝曾经一度醉心于雅致的趣味，把王室出身视作遗憾，但根据父亲的遗嘱，他断然抛弃了对文学辞藻的追求，起而领导人民驱走了丹麦军队。阿尔弗雷德执政宽严相济，"这位伟大的君主能在严明的法度中不忘保持人民最神圣的自由，他的遗嘱记录了这种感情：英国人理应永远像他们的思想一样自由"②。另一方面，英国在阿尔弗雷德治下政清讼简，夜不闭户，休谟认为原因在于，"无论什么时代，良好的道德与知识都是无法分离的"。这也引出了阿尔弗雷德的另一功绩，"他鼓励人民好学求学，希望能够纠正撒克逊人散漫而狂暴的积习"。阿尔弗雷德继位之初，目睹国民外受丹麦人欺凌，内则沦于愚昧与野蛮。文化的庇护所——修道院毁为废墟，修道士则惨遭屠戮，藏书更被付之一炬。阿尔弗雷德于是从欧洲各地请来杰出的学者，到处兴办学堂，教化子民，同时修复

---

① 〔英〕休谟：《英国史》第2卷，第413页。
② 〔英〕休谟：《英国史》第1卷，第79页。

了牛津大学,并给予其众多特权和资助。除此之外,阿尔弗雷德因为早年的人文熏陶而熟稔古代歌谣寓言,更了解文艺风化人心的功用。因此他利用撒克逊传统中的寓言、谜语、传奇来教化民众向善,同时又将伊索寓言,波爱修斯的《哲学的慰藉》等拉丁著作翻译成撒克逊语。休谟感慨,"在任何时代,即使是蒙昧的风气和恶劣的教育蔽塞了人类的慧根,才智之士也有责任扭转世习,开风气之先,阿尔弗雷德国王做到了这一点"①,这也是休谟一贯的观点。文化艺术之发展犹如河流,有时奔涌不息,有时则潜流于地下。人皆有向智向善之心,但历史的黑暗时期如长期的战乱就可以迫使人们蔑视学问,把所有精力掷于自保之途,而随着和平时代的来临,文化与艺术又会开始重新发展。因此文艺需要时局稳定,世风开明,有力有识之士大力倡导,方能起到移风易俗之效。但和平世界、开明世风、有识之士三者均可遇而不可求,而三者的因缘际会,才能造就文化与艺术发展的盛世。

　　休谟对于文化与艺术之所以如此看重,不仅仅出自他喜好文学的天性,更是他崇尚自由思想与独立人格的表现。休谟认为,文化与艺术发展的特质在于其难以用某种规律和范式去预测衡量,因此文化艺术对于上位者来说,也许不过是教化民众的工具,但对于民众和社会而言却并非如此简单。人们在学习文化艺术的过程中,可以培养起自主健全的鉴赏力,对各种思想与趣味有所评判和定见,不至于人云亦云,攀附一时风气。如果一个社会文风昌盛,大众的趣味健康而高尚,那么文化艺术与生俱来的自由气质,就会自然而然地熏陶民众养成独立自由的思想,而这才是文化与艺术真正应该追求的目标。休谟并不支持风行当时的"法国趣味",他认为这种趣味虽然精致,但失之矫揉造作,会导致国民的性格过于柔靡,失去了自然雄健的优点。休谟关于阿尔弗雷德大帝与亨利二世的论述清晰地表明了他的这一观点,在休

---

① 〔英〕休谟:《英国史》第1卷,第82页。

谟的记述中,深受法国文化熏陶的亨利二世是位博雅之士,上有所好下必甚焉,于是英国原先平凡而明智的撒克逊习俗被大陆尤其是法国的矫揉风气所取代。人们不复尊崇传统的君主,罗马教廷的影响力压倒了王权,社会人心浮动,贵族期望更多的权利,于是煽动暴民,勾结外敌,百姓更无所信仰而各行其是,因此国家陷入了动荡之中,内乱不断。上至王室贵族,下至黎民,都深受其苦。休谟在此用文化与艺术风气的变革来阐述自己对于世态人心的观点,即鉴赏力是独立人格的象征,不妨加以磨练,而过于细腻、无所依傍的情感却会导致人心思动、社会动荡。良好的文化艺术风气不仅要给予人审美的愉悦,更重要的是持人心性,冶炼人们健全的人格。

值得一提的还有《英国史》中休谟对于莎士比亚的评价,在《英国史》第五卷中,休谟坦陈,以才华论,莎士比亚无疑是不世出的天才,尤其是莎士比亚身处"野蛮的时代(rude age)",加之出身微贱,能取得如此成就只能说是"殆天授也",然而休谟笔锋一转,指出若以"剧作家"(poet)的标准来衡量莎士比亚,就不能不对他稍有微词了。因为在休谟看来,莎翁的剧作中充斥着大量的"不和谐"(irregularities)甚至"荒谬不可索解"(absurdities)的因素,剧中人物的情感太过于激烈,有失中道。这段评论知人论世都秉承了休谟一贯的谈艺立场。文艺的职分在于娱人情性,而欲有以娱之,必先使其有所感。莎氏剧作的成功,自然要归功于莎士比亚对世态人心的洞悉和写照入神的笔法,然而休谟对文艺更看重的是其对于国民性格的影响感应。因此尽管休谟盛赞莎翁的才华,却对其剧作的道德瑕疵大加针砭。莎士比亚剧作中各种极富冲突感的情节、惊心动魄的血腥场面、极具煽动性的演说,以及阴暗恐怖的氛围,这些都为休谟所不喜。尽管这些因素能够打动人心,并且深刻地揭示出人性的弱点所在和性格悲剧的内在特征,但却与休谟崇尚自然平和的趣味相抵触。休谟将文艺视作社会风气的结晶,更是社会政治具体而微的写照,而他心目中理想的政治应该是来自于和平的"契约"和传统习俗的渐进①,而莎士比亚剧作中呈现出的大多是表现冲突和杀戮的"非常态"生活,体现的正是当时社会的种种乱象。这自然与戏剧本身的特点不无关系,但休谟认为,如此戏剧越是具有震撼力,越会对社会和人心造成不可估量的损害。休谟多少有借莎翁之酒杯,浇现实政治之块垒的意思,然而从休谟对于莎士比亚的评论中,我们恰恰可以看出休谟对于当时一些现实文艺乃至社会政治问题的见解与立场,这些见解较之休谟观点鲜明的政论,也自有其深刻之处。

第二节 休谟美学的影响

休谟的美学思想在西方美学史上占有独特的地位,其影响相当深远,要论述其美学的影响,首先必须扫除枝蔓,理清线索。一方面休谟是经验主义的集大成者,为西方诸多哲学流派奉为师承。实际上,这些流派尤其是实证主义、实用主义等现代哲学思潮,更多借鉴的是休谟重视经验与分析的精神气质与思维方式。因此在论述其思想影响时,笔者试图阐释近世美学的重要观点与休谟思想之间的内在联系。同时近世研究者们提及休谟往往首先引及康德的一语之褒:"休谟将我从独断论的迷梦惊醒",要谈休谟的影响,肯定绕不过康德。而康德美学之博大精深人所共知,他与休谟两人都是西方思想史上的大哲,各自都建立了独特的思想体系,正因为此,将两人的某些观点孤立起来进行比附,对理解两者都无益处。因此笔者于本节中只试图在某

---

① 〔英〕休谟:《休谟政治论文选》,张若衡译,商务印书馆2000年版,第26页。

些专题之下阐明两人美学思想中的相通之处,并无打算专节论述休谟对于康德的影响。

一、审美判断

休谟从感性经验出发,强调人的情感与想象对于审美的作用,在休谟的启发下,康德调和了经验主义和理性主义,将经验派重视快感的因素与理性主义的"合目的性"结合了起来,正如鲍桑葵所说:"在笛卡尔、斯宾诺莎、莱布尼茨、沃尔夫、鲍姆嘉通的著作中,我们可以看到一种抽象的理性主义和唯智主义的思想脉络,而在培根、洛克、夏夫兹伯里、贝克莱、休谟、卢梭的著作中,我们可以看到一种同样抽象的经验论或感觉论的倾向。这两个潮流在康德身上汇合了起来,而且正是由于这两个潮流汇集在他的学说中,这个问题才摆在后来的整个近代思想面前……'怎样才可以把感官世界和理想世界调和起来?',用美学的方式来说,'愉快的感觉怎样才可以分享理性的性质?'"[①]

康德在他著名的《判断力批判》中提出了鉴赏判断的四个契机,以此来解答上述这个问题,这就是无利害而生愉快、非概念而又有普遍性、无目的的合目的性、共通感。从这四个契机的细致分析中,我们可以清晰地看到休谟对于康德的影响,下面先来说第一个契机,无利害而生愉快。

康德认为,美感与一般的快感不同。一般快感是欲念的满足,涉及具体的利害计较,而美感是审美主体对对象的形式进行观照才产生的。康德严格区分了愉快的、善的和美的三类不同事物所产生的情感,他指出,"愉快的东西使人满足,美的东西使人喜爱,善的东西受人尊

[①] 〔英〕鲍桑葵:《美学史》,张今译,商务印书馆1985年版,第228页。

敬……这三种快感之中,审美的快感是唯一的独特的一种不计较利害的自由的快感,因为它不是由一种利益(感性的或理性的)迫使我们赞赏的"①。康德由此提出,"鉴赏就是一种不凭借任何利害计较而单凭快感或不快感来对一个对象或一种形象显现方式进行判断的能力。这样一种快感的对象就是美的"②。

在第一个契机中,康德与休谟最显而易见的共同点就是对审美无利害性的强调,休谟在《人性论》中也曾经对美感做出过类似的分析,美属于一种平静缓和的间接情感,而我们于对象的利欲则属于强烈的直接情感,两者并不相同,我们更多通过同情与想象来体验这种快感,舒缓了利欲对我们情感的冲击,使得这种感受更加持久和稳定。而值得注意的另一点则是,康德与休谟不约而同地提到了,审美趣味是针对对象形式或形象进行判断的能力,在这种判断下体会到的快感,是审美对象的形式与审美主体本身的观念之间的契合,而非直接的感官刺激和实际功利。

由这一点来看康德所说的审美判断的第二个契机,非概念而有普遍性。审美对象是个别对象的形象显现,因此,审美判断不可避免地成为个人主观的认定。而康德认为,审美判断的普遍性在于,我觉得美的东西别人也会觉得美,因为正如上文所述,在审美过程中个人完全摆脱了功利的束缚,审美主体看不到任何只有自己才具备的特殊原因使得自己感到愉快,因而必然会认为产生这种愉快的理由对一切人都有效。康德指出,审美判断的普遍性是主观的,因为其内容是人皆有之的情感和心境,方才可以假定"人同此心,心同此理"。休谟在他关于趣味标准的探讨中已经提及了这一点,他试图为一个普遍有效的趣味判断提供基础,这一基础有赖于人皆有之的愉快和痛苦的情感体

---

① 〔德〕康德:《判断力批判》,邓晓芒译,人民出版社2002年版,第44页。
② 〔德〕康德:《判断力批判》,第45页。

验,在这一点上两人不谋而合。

康德提出的审美判断的第三个契机是无目的的合目的性。在这一论题下,康德提出了他著名的"纯粹美"与"依存美"的概念,"纯粹美"是不涉及概念和利害计较,有符合目的性而无目的的纯然形式的美;而"依存美"则"依存于某个概念(有条件的美),因此就属于受某一特殊目的概念约制的那些对象",换言之,其依存于概念、利害计较和目的之类内容意义。康德以自然美为例来说明他的这一观点,"自然"并非人造,不含有任何目的,但却能够给人带来愉悦,正是"无目的的合目的性"的最好体现。在这一点上休谟与康德两人的思路颇为一致,"康德不但认为审美是'由判断而生愉快',而且是'由判断而生目的'"①,而休谟强调,美是对象在人心上激发的某种效果,这种情感依存于人心的特殊构造,是心灵与对象之间的同情和协调才得以产生。换言之,美与我们的不期而遇,使我们得到愉悦,是因为它与我们内心的"无目的的合目的形式"相契合。朱光潜先生认为,休谟的美学实际上并非简单的感觉主义,而是讲求物的形式与人心构造内外相应,康德的"无目的的合目的性"很大程度上接受了休谟的观点。

最后来谈第四个契机,共通感。康德指出,审美判断的必然性,是个人心理上的必然性,"这种必然性作为在审美判断中所设想的必然性只能被称之为示范性,即一切人对于一个被看做某种无法指明的普遍规则之实例的判断加以赞同的必然性"②。康德将这种共通感视作审美判断必须先验假设的前提,不做这种假设,认识便不可能传达,人与人也无法相互沟通理解。休谟对于共通感的剖析也极为仔细,他认为,感官体验是观念的基础,而观念又能转化为印象在人与人之间相互感染沟通,共通感正是基于这一人性的普遍特质。休谟将

---

① 易中天:《破门而入——美学的问题与历史》,第75页。
② 〔德〕康德:《判断力批判》,第73页。

"同情"解释为人性的一种自然倾向。这已经与康德的先验假设有了相当的共同之处。

二、优美与崇高

"优美"与"崇高"是西方美学史上著名的一对概念。优美的观念早在古希腊时期就已经受到人们的重视,希腊造型艺术讲求比例和谐匀称,形象高贵静穆,都是优美观念的具体体现。直到罗马时期朗吉弩斯开始提出"崇高"的概念,随后成为美学上的重要范畴。朗吉弩斯认为崇高的风格分为五种要素,即"掌握伟大思想的能力""强烈深厚的热情""修辞格的妥当运用""高尚的文辞"和"将前四种联系成为整体的""庄严而生动的布局"。前两种因素要靠自然或天资,后三种要靠艺术或人力。这五种因素有一个"共同基础",那就是"运用语言的能力"。①在分析中作者从希腊罗马以及其他民族的古典作品中引例论证,因此朗吉弩斯所标举的崇高,基本仍属于修辞学的范畴。

近代以来,崇高的概念经由法国文艺批评家布瓦罗的提倡,在17—18世纪蔚然成风。优美和崇高是当时流行的论题,许多思想家都在这个题目下做过文章,最为有名的莫过于伯克(Edmund Burke)的《关于我们崇高与美观念之根源的哲学探讨》和康德在《判断力批判》以及《论优美感和崇高感》中的论述,而这两人的观点均受到了休谟的一定影响,下面先谈英国的埃德蒙·伯克。

伯克认为,人的行为受驱于自身最朴素的感情——好奇、痛苦与快乐。大多数能对人的心情产生强有力的作用的感情,无论是单纯的痛苦或快乐,还是对痛苦或快乐的缓解,几乎都可以简单分成两类:

---

① 朱光潜:《西方美学史》,人民文学出版社 2000 年版,第 106 页。

一类涉及"自我保存"（self-preservation），一类涉及"社会交往"。这两类感情各有功用，前者是维持个体生命的本能，后者则是满足种族繁衍和互相交流的愿望。总体说来，自我保存的本能产生了崇高感，而社会交往的感情则生成了美感，因此美感的根源在于人们之间的同情和爱。美实际上就是"在物体中能够引起爱或类似情感的某些性质"，例如小巧、光滑、曲线、娇弱、色彩柔和等。

伯克随后论述了崇高的产生乃是由于我们对某种强大有力的对象感到惊愕，继而我们意识到它对我们并没有危险，于是这种惊愕之感就转化为一种愉悦之情。优美的特性在于使人轻松愉快，而崇高的特性则在于使人产生敬畏之心。他将崇高的对象归纳为以下几类：体积的巨大、晦暗或模糊、强大的力量、无限、繁多的数量等。

通过以上对照，我们可以看到伯克的理论中崇高与美感的对象之间一些明显的区别：崇高的物体尺寸巨大，而美的物体较小；美应该是光滑平整的，而崇高而是粗糙的；美是曲线柔和的，而崇高则线条鲜明；美是明晰的，崇高则是隐晦朦胧的；美应该是轻巧、娇弱的，而崇高则是坚固敦厚的。两者基于性质迥异的观念，一个基于痛苦，一个基于快乐。美更多是世俗感性层面的愉悦，而崇高则是超越社会日用价值之外对人的震慑。

伯克关于优美与崇高的学说得益于休谟之处颇多。首先，休谟尤其重视对个人心理和生理因素的琐细分析，伯克继承了这一点，他通过对感官体验的归纳与总结，列举出了优美与崇高的诸多特性。其次，休谟强调美存在于人的情感之中，存在于主体的反应之中，伯克也正是在这一点上与休谟如出一辙。他指出优美的对象使人愉悦，崇高的对象使人敬畏，区别正在于人心中原本的心理结构以及激发的情感。另外，休谟指出同情是美感的核心。通过同情的原则，诗歌、绘画以及其他感人的艺术才能把情感由一个人心里移注到另一个人心里，使我们能够对同类的情感和遭遇感同身受。伯克比休谟更进一步的是，他将美感解释为一种带有更多社会性质的情感。人们的本身趣味也许千差万别，但美感作为一种群居本能，会促使人们在社会交往中见贤思齐，逐渐趋同。这一点上伯克继承了休谟的观点，与休谟不同的是，伯克不仅认为美感是一种社会化的情感，更是人们离合聚散，形成社会的基础。①

最后，休谟强调日积月累的习惯与传统对人们情感与思维的影响，正是习惯与传统构成了人们的信念，而历史与社会秩序也是借助人们的信念方得以传承。伯克则坚信，人的自然感情和本能驱使人们建立了差异有序的社会，先于社会规范、道德训诫以及文化习俗。不仅如此，这些情感更是维系社会的纽带和促使社会发展的动力。人们在同情和模仿这类社会情感的驱使下进行社会活动，自然而然地聚合到一起，并且约定俗成地制定并服从一些法则。这算不上"社会契约"，更多是一种物以类聚的自然过程。伯克不遗余力地强调，人们的群居本能和社会情感属于美感的范畴，另一方面暗示了他笔下与美感相对的崇高高于人的动物本能，带有某种精神性的神秘因素，并且超脱于社会之上。伯克坚信，人类根据自己的群居本能而构成了社会，并且形成了高下有序的秩序。人们遵循传统和规范，进行良性的社会交往与竞争，因此社会等级秩序的建立非但不是卢梭所说的"人类的堕落"，而是人类本性的发展与完善，随着个人天性的不断完善，社会也将随之不断进步。

伯克对于崇高与美的分析得到了康德的赞赏，他吸收并改进了伯克的一些观点，如美涉及对象的形式，而崇高却涉及对象的"无形式"。形式都有限制，而崇高对象的特点却在于"无限制"，因此康德指出：

---

① 〔美〕吉尔伯特、库恩：《美学史》，夏乾丰译，上海译文出版社1989年版，第333页。

（美）直接带有一种促进生命的情感，因而可以和魅力及其游戏性的想像力结合起来；但后者（崇高的情感）却是一种仅仅间接产生的愉快，因而它是通过对生命力的瞬间阻碍及紧跟而来的生命力的更为强烈的涌流之感而产生的，所以它作为激动并不显得像是游戏，而是想像力的工作中的严肃态度。因此它也不能与魅力结合，并且由于内心不只是被对象所吸引，而且也交替地一再被对象所拒斥，对崇高的愉悦就与其说包含积极的愉快，毋宁说包含着惊叹或敬重，就是说，它应该称之为消极的愉快。①

康德指出，崇高的对象正因为在形式上与个人的判断力相抵触，反而能将个人心中的崇高激发出来。康德以暴风浪中的大海为例，说明一个人只有在心中充满各种观念，在观照这种景象时，方能激起一种情感，这种情感本身就是崇高的，因为这时心灵受到了激发，抛开了感觉上的束缚，而去体会更高的符合目的性的观念。在康德对崇高的分析中我们能够看出休谟"印象"与"观念"理论的影响，个人的情感体验并非简单取决于生理上的愉悦或痛苦，而是受到特定个人的整个情感和心理结构的制约，而一时的痛苦经过个人的关照积淀为观念之后，反而能够给人带来快感，休谟和康德在这类经验转化的分析思路上如出一辙。同时，通过前文对伯克的介绍，我们可以发现他所论述的崇高，多是指的外在事物，比如无限的天空、广阔的海洋、黑暗的神庙等。康德的创举则是在此之上加入了人的自身，人性自身的美丽和尊严，就在引导自身的道德生活，这本身就是崇高的体现。

---

① 〔德〕康德：《判断力批判》，第82—83页。

三、情感论

17世纪以来，经过洛克、贝克莱、夏夫兹伯里、贝克莱以及休谟等经验主义哲学家的探索，"情感"（sentiment）、"激情"（passion）和"感受"（feeling）等心理学术语在美学上的内涵和用法越发丰富。"情感"涉及个人对自身内在精神和身体状态的反思与表现，而"感受"也不再局限于被动的愉悦或痛苦的生理体验，而是伴随着直觉的认知意味。

休谟是英国经验主义的集大成者，他的哲学吸收了洛克、夏夫兹伯里以及贝克莱众人的思想。总体来说，休谟的美学是偏向心理体验的，但休谟调和了传统经验主义的快感论与理性主义的目的论，将文艺复兴以来逐渐兴起的重情感表现的原则，与物我相应的形式原则两者结合了起来。休谟极为重视个人的情感体验，认为最初的印象和感受是一切认知的源头，但他同样看出美感体验与日常生活的感情之间存在的差别。在他看来，审美的感情是一种较为稳定平和的感情，比低级感官的快感延续得更久；它也是一种"共同的"感情，并非某个人所特有的，而是具有真正鉴赏力的人所共有的。

休谟的美学思想植根于英国源远流长的经验主义哲学传统，其对于后来的美学以及艺术批评的影响也是颇为深远的。休谟对于美感的论述，实际上与后来风行英国乃至欧洲的浪漫主义风潮颇有契合之处。比较有代表性的浪漫主义宣言当属卢梭的《论科学与艺术的起源》，卢梭在这篇论文中痛陈科学与艺术腐蚀人心。斯塔罗宾斯基（Starobinski）在《透明与障碍性》中对此有一个阐释，他认为对卢梭来说，只有自我意识才是透明的，此外都是从属的暧昧混沌污浊之物。这样一来卢梭对于不透明性的攻击自然首先对准了艺术表现。艺术表现是从属的、背叛透明性的。对于卢梭来说，最重要的是倾听内在自我意识的声音，这个声音才是透明的。在卢梭看来，这种情况下

"主体和语言不再互相外在,主体即是情感,情感立刻变成语言,三者已经不再区别开来",真正的艺术应该是自我意志与情感的自由抒发和流动。在卢梭的这个观点中,我们可以明显看出他对于经验主义哲学的吸收与批判。

休谟和卢梭的观点可以说是19世纪欧洲浪漫主义的前奏,后来的英国批评家们强调主观体验的态度与此一脉相承。沃尔特·佩特就是个中翘楚,他接受了康德艺术无利害性的观点,但坚持审美体验的纯主观特征。在佩特看来,"我们每个人的经验已经缩减成一组印象,被我们各自人格的厚墙包围起来……随着印象和感觉的流逝,我们的自我也只剩下连续不断地编织与消解"①,佩特因此在《文艺复兴》中高呼,艺术的目的是为个人创造最强烈的体验:"经验的果实并非目的,经验本身才是目的,那么,我们如何才能通过最微妙的感官体验那些完满的情感……永远和这强烈的、宝石般的火焰一起燃烧吧,保持这种心醉神迷的状态才是人生的成功。"②19世纪浪漫主义在美学上的革命延伸到了更为广阔的层面,情感体验不仅仅是个人的事,而开始带有集体和民族的色彩。费希特在他关于德语文学的讲演中就声称,运用语言和艺术不仅是自我的表现和创造,更是人们融小我于大我的必经之路,只有如此,人才是普遍意义的人,才能被生机勃勃的群体认同。通过自由的艺术创造,个人也可以充实自己的生命,充实整体的生命。

与此相对应的是英国著名诗人华兹华斯给诗歌下的著名定义:"诗歌是强烈情感的自然流露。"③这句话常常被人误解为诗歌即是

---

① 〔英〕佩特:《文艺复兴:艺术与诗的研究》,张岩冰译,广西师范大学出版社2000年版,第225页。
② 〔英〕佩特:《文艺复兴:艺术与诗的研究》,第226页。
③ 伍蠡甫、胡经之主编:《西方文艺理论名著选编》中册,北京大学出版社1987年版,第54页。

情感的宣泄。实际上，华兹华斯清楚地说明，诗人借助语言唤起的激情只能接近于原先真正的激情——也就是休谟所说的"第一印象"，更重要的是，情感的流露不能不经过理性的反思，"诗人也会长久地沉思，所以我们的情感流露因而会受到思想的改造与指引"①，从而限制了浪漫主义对于情感的过分强调。同时，诗人所表达的是"他所思想和感觉的东西"，华兹华斯甚至没有将重情感抒发的诗歌与重理智认识的科学严格区分开来，"科学家、化学家、数学家，不管他们经过多少困难和不愉快，他们总知道这点，感觉到这点。不管解剖学家研究的东西如何给人苦楚，他总感觉到他的知识是一种愉快；他没有愉快，也没有知识。那末，诗人作的是什么呢？他以为人与周围的事物相互作用和反作用，因而生出无限复杂的痛苦和愉快；他依据人自己的本质和他的日常生活来看人，认为人以一定数量的直接知识，以一定的信念、直觉、推断（由于习惯而获得直觉的性质）来思考这种现象；他以为人看到思想和感觉的这种复杂的现象，觉得到处都有事物在心中激起同情，这些同情，因为他天性使然，都带有一些愉快"②。换言之，这正是休谟所提及的，美感不仅仅是某种被动的体验，而是个人通过同情和想象进行的创造，这种快感是可以经过理性的反思来节制和把握的。

休谟论述美感因其平和稳定的特性而化人至深，这个观点在英国历代诗人中都不乏回音，上文提及的华兹华斯便是一例。而20世纪英国大诗人T.S.艾略特在《传统与个人才能》中的观点也同样著名，"诗不是放纵感情，而是逃避感情，不是表现个性，而是逃避个性。自然，只有有个性和感情的人才会知道要逃避这种东西是什么意义"③。艾

---

① 伍蠡甫、胡经之主编：《西方文艺理论名著选编》中册，第54页。
② 伍蠡甫、胡经之主编：《西方文艺理论名著选编》中册，第50—51页。
③ 〔英〕T.S.艾略特：《传统与个人才能》，卞之琳等译，上海译文出版社2012年版，第12页。

略特拒斥华兹华斯对于自我的执迷，他强调在艺术创作中，诗人的心智只是情感的媒介，而非改造情感的工具。而我们在审美体验的过程中，需要重视诗歌中传递的意象，而不是诗人的个性、风格等等，"诚实的批评和敏感的鉴赏，并不注意诗人而注意诗……成熟诗人的心灵与未成熟诗人的心灵所不同之处并非就在'个性'价值上，也不一定指哪个更饶有兴味或'更富有涵义'，而是指哪个是更完美的媒介，可以让特殊的，或颇多变化的各种情感能自由组成新的结合"①。艾略特指出，艺术应该凭借独特的感觉、词句、意象来激起人们的审美感受，而非直接借助作者情感的宣泄来打动读者。诗人的用武之地只在于"使种种印象和经验在这个工具里用种种特别的意想不到的方式来相互结合"，这实际上与休谟关于情感无法直接感染他人，需要借助某种观念媒介方能传达的观点不谋而合。

四、表现论

英国经验主义哲学对于个人经验的强调，对于美学和文艺发展有着深刻而多元的影响。传统的古典主义认为，文学乃是对生活的模仿，其技艺包括模仿经典的范本、奉行文体规则，以及熟练运用各种修辞等。经验主义哲学则对于文艺的主体性做出了深刻的探索，从霍布斯到洛克，以及后来的休谟、艾迪生和哈奇生，都强调想象和联想在审美中的重要作用，同时理性又能够反思和改进强大的联想过程，文艺因此兼具对主体想象的引导和规范之责。值得一提的是英国著名诗人柯勒律治，他一方面发展了英国经验主义哲学的想象表现理论，另一方面纠正了这种理论中的机械性，如想象要受到人性通则的制约。柯勒律治强调，想象不仅仅意味着对个人经验的重新组合和调

---

① 〔英〕T.S.艾略特：《传统与个人才能》，第16页。

整,最重要的是创造,"想象溶解、扩散、消耗,为的是重新创造"①。在对华兹华斯诗歌的评论中,柯勒律治指出,华兹华斯的诗歌胜在其格调与氛围,作者将某种孩子的惊叹和新奇感带入到人们的日常经验中,从而创造出了独特的艺术世界。

柯勒律治抨击了传统经验主义中想象的机械性,认为"如果这些法则成真,那么我们的整个生命将会分为两半,一半是外表印象的专制领域,一半是无感觉的被动记忆……"②,认为人的想象中蕴含着"知觉的生命力和主要动力",是"永恒的创造活动在有限心灵中的重复"。③柯勒律治的哲学思想与其文学主张是相一致的,他指出知性能够将进入意识的形象聚拢起来,精神并不是把某种秩序简单地加诸自然,而是发现自然中的秩序,诗人的任务就是调和思想和事物之间的冲突。柯勒律治对于休谟等人的经验主义哲学的批判,是欧洲浪漫主义思潮的先声。

柯勒律治认为艺术同时包括感受和表现两方面的内容,人们只有借助创造性的想象才能充分地感受外在世界和表现自身的情感。后来的美学家克罗齐更加清楚地表达了这个观点,他认为,艺术的本质就是直觉,直觉包含了表现和创造,"每个直觉或表象同时也是表现,没有在表现中对象化了的东西就不是直觉或者表象……心灵只有借赋形和表现才能直觉"④。在克罗齐这里,表现并非通常把内心感受表达出来的意思,而是指某种完满纯粹的精神综合活动,这与柯勒律治的"知觉生命力"不谋而合。同时,克罗齐通过"直觉"强调艺术的本

---

① 〔英〕塞尔登编:《文学批评理论:从柏拉图到现在》,刘象愚等译,北京大学出版社 2000 年版,第 149 页。

② 〔英〕塞尔登编:《文学批评理论:从柏拉图到现在》,第 148 页。

③ 〔英〕塞尔登编:《文学批评理论:从柏拉图到现在》,第 149 页。

④ 〔意〕克罗齐:《美学原理》,朱光潜译,上海人民出版社 2007 年版,第 14 页。

质存在于创作者的心中，而非外在的艺术品上，这一点可以说是他对于经验主义美学强调主体体验的独特改造。

克罗齐的理论在20世纪影响深远，英国著名学者柯林武德很大程度上就接受了他的观点，以此来反对当时风行的实证主义。柯林武德认为，认识自己是表现的第一步，所谓认识自己，就是把被动的感官印象变成观念，证实自己是情感的主人，由此出发，才能去理解世界。我们的情感经验需要经过世界或者语言表达出来，我们自身的心灵被重新塑造成观念，将情感意味注入进了粗朴的感觉世界，在这个过程中，我们的自我得到了重塑，心智能力得到了提升，离道德理想也越发接近。

休谟指出，我们的观念来自于对感官经验的反思和归纳。我们的语言乃至艺术，都不能不植根于鲜活的经验印象，由此才具有可传达的普遍性。休谟的观点与重视主观体验的18世纪艺术氛围颇为契合，但休谟也同样指出，间接的观念对于心灵的效力永远比不上强烈的直接印象，这实际上给历代捍卫艺术表现性的论者们都出了难题。卡西尔对于休谟的回应是，艺术和语言并不是以暗示的方式指涉情感与现实，而是具有自身力量的象征。它们生成和设置自己的世界。在这些观念的世界中，通过象征的媒介，真实世界的东西才能成为理性认识的对象，并由此呈现在我们面前。卡西尔很大程度上继承了康德的观点，坚持只有那些具有固定形式的事物才能为人所感知，但这些形式又源自于特定的认知方式，来源于特定的知性构造和直觉。因此这些观念形式作为一个有机的整体，相互限定而互补，在构建了独特的精神世界的同时，也塑造了我们的认知和情感，从这个角度上来看，卡西尔与休谟关于"信念"和"习惯"的观点不谋而合。

卡西尔的学生苏珊·朗格延续了老师关于"符号形式"的观点，她指出，艺术不是自我表现而是情感的符号化，"尽管一件艺术品揭示了主观性的特点，但其本身却是客观的，艺术的目的在于将情感生活客观化"①。朗格严格区分了"表现"一词的含义：一方面是指情感的宣泄，个人对各种事情的自发反应；另一方面则意味着再现某个观念。与卡西尔一样，朗格认为，人们的情感观念是一个构架，具有一个复杂的动态形式，各种情感之间彼此消长，相互依赖，在这个意义上才能充分见出艺术的表现性。艺术能够同时激起数种强烈的感情，使心灵意识到自身并存的各种愿望与感觉，理解自我与世界之间的联系，通过艺术的形式，我们能够焕发出自身生命力和情感。朗格对于情感与形式的阐释，很大程度上糅合了休谟和康德两人的哲学观点，是对20世纪现代美学思潮中过分倡导主观情感宣泄的反拨。

上述诸家的观点，与休谟的美学思想有一些相通之处，而休谟的经验主义美学最为直接的继承者还是以詹姆斯和杜威为代表的实用主义。两者首先共同强调我们对于世界的认识来自于具体的经验，而休谟从苦乐功效的方面说明人的心理原则，这一点也为杜威等人采用作为其机能主义心理学的基础。在杜威看来，情感的表现也不是直接的发泄，情感是在表现的过程中逐渐完善和充实，并具备了完整的形式，因此我们是主动去寻求某种情感，而非情感的奴隶。杜威对休谟经验主义美学的发扬在于，他将艺术定义为经验，这种经验并非一种感官欲望的直接满足，而是包含着人类的想象与情感以及实践的统一体。

---

① 〔美〕苏珊·朗格：《情感与形式》，刘大基等译，中国社会科学出版社1986年版，第6页。

结　语

休谟雅好谈艺众所周知，因此他在《人性论》序言部分的自谦之词就越发耐人寻味。休谟声称自己致力的事业在于用"哲学的精确性"去考察人，以此探求人性的科学，诗歌文艺方面并非自己心许的名山事业。"的确，在诗歌方面，其他民族虽然可以和我们抗衡，在其他一些足以欣赏的文艺方面，他们虽然可以超过我们，而理性和哲学的进步，却只能归功于我们这个容忍和自由的国家。"①

休谟的这段谦辞似乎说明他认为艺术与审美更多涉于情感，因此与理性和哲学泾渭分明。但通读《人性论》后我们就能发现，休谟的用意在于指出，无论是审美的欣赏体验还是知识的理解学习，同样都关乎个人的情感。理解人性的这一特质，就能够免于陷入狂热，而至"容忍和自由"之境。在休谟看来，世间知识与人类经验之新鲜活泼，无时无日不在增进与创新；这种增进与创新，若不是其中之组织原理具有创造性，如何能够成功？休谟强调，情感与思想，无论在经验还是在意识中，都是密切依赖而不可分的，两者的根本点是相互包容而存，因此休谟将情感解作一种人心原始的动力，"人类心灵的主要动力或推动原则就是快乐或痛苦。当这些感觉从我们思想和感情中除去以后，

---

① 〔英〕休谟：《人性论》上册，关文运译，商务印书馆1980年版，第3页。

我们在很大程度上就不能发生情感行为,不能发生欲望和意愿"①,休谟在《人性论》中仔细讨论了人的各种情感,把情感分为"平静的""激烈的"两大类,而将"平静"一类的如经常被误认为是"理性"的情感,如"慈爱""怜悯""同情"等置于首位,强调它们正是道德的本源,认为理性只是依循这些情感的指挥来活动的。休谟由此说出了"理性是情感的奴隶"这句名言。

休谟虽然爱好文艺,但他的美学思想却并非针对专门的艺术问题,而是其哲学思想的自然延伸。休谟探讨美的本质以及审美趣味等问题,实际上他的用意仍然在剖析个人在复杂认知过程中体现的心理结构和能力,情感与趣味就是他贯穿这一问题的线索。

这两者的作用渗透于认识与感知的方方面面。这两者一方面是对动物性自然情欲的理性化的发展和培育,其中结合了社会和理性各种不同程度、不同层面的渗透和干预;另一方面,情感与趣味还包括认识方面,如认识产生的智力愉快和喜爱知识、追求真理的人性情感。因此在审美方面,多种心理功能的复杂活动构成了情感与趣味,在审美过程中,情感与趣味对人的影响,我们对其体会得尤为明显和深刻。李泽厚先生指出,审美体验使得人性能力与人性情感更为错综交织,使审美不仅是一种情感,也成为一种能力。这种能力可以"以美启真""以美储善""以美立命",以及成为审美形上学和世界观。它在整个人性成长即人性在各方面的开拓发展上起着重要作用。②

与此同时,休谟指出,情感与趣味这一类的经验,经过了社会历史以及文化的积淀,与源自动物性本能的感受已经大为不同。李泽厚先生认为,类似于抑郁、烦闷、忧虑、焦虑、羞愧、嫉妒、悲悯、忏悔、傲慢、敬重、仰慕以及宗教审美方面的虔诚谦卑、悲喜交集之类的情感,

---

① 〔英〕休谟:《人性论》下册,第618页。
② 李泽厚:《谈"恻隐之心"》,见《论语今读》附录二,三联书店2008年版,第614页。

不仅仅是个人被动的感受,而是人们主动为世界赋予意义,将自己的观念与思想贯注于世界的过程。①

休谟在《自然宗教对话录》中写下了这样一段话:

> 看一看周围的世界:审视一下世界的全体与每一个部分:你就会发现世界只是一架巨大机器,分成无数较小的机器,这些较小的机器又可再分,一直分到人类感觉与能力所不能追究与说明的程度。所有这些各式各样的机器,甚至它们的最细微的部分,都彼此精确地配合着,凡是对于这些机器及其各部分审究过的人们,都会被这种准确程度引起赞叹。这种通贯于全自然之中的手段对于目的奇妙的适应,虽然远超过于人类的机巧、人类的设计、思维、智慧及知识等等的产物,却与它们精确地相似。因此,既然结果彼此相似,根据一切类比的规律,我们就可推出原因也是彼此相似的;而且可以推出造物主与人心多少是相似的,虽然比照着他所执行的工作的伟大性,他比人拥有更为巨大的能力。根据这个后天的论证,也只有根据这个论证,我们立即可以证明神的存在,以及他和人的心灵和理智的相似性。②

这一段话虔敬歌颂造物主的伟力与智慧,以及自然界与自然律的精致准确,似乎与休谟平素的论辩文风相违。然而值得指出的是,从夏夫兹伯里到休谟,这一时代的启蒙主义者们对待社会、宗教、科学乃至文艺的态度,并非一味地质疑,而是力图在其中寻找合规律合目的的行为与现象,努力将人的因素带入其中。因此,他们所找到的规律、

---

① 李泽厚:《谈"恻隐之心"》,见《论语今读》附录二,第615页。
② 〔英〕休谟:《自然宗教对话录》,陈修斋译,商务印书馆2002年版,第30页。

法则、标准和目的，无一不是人们运用自身的知觉与情感对世界进行积极的把握和理解的结果，在这一基础上，人们趋乐避害、逐利尚用，进而追求健全的道德与清明的政治，这种种行为实际上都是按照某种秩序和理想在完善自身，同时塑造外在的世界。个人的情感与趣味均是这一进程必不可缺的手段，在艺术与美对世界事物独特的模仿中，我们意识到了自身与世界的关系，以及世界的秩序在个人自身的体现。从这个角度来看，休谟的美学不仅仅是其认识论以及伦理学的补充，可以说，休谟的美学，实际上蕴含着其哲学思想的气质与方向，更昭示出启蒙时代人们对自己能够认识世界、改造世界的乐观与自信，而夏夫兹伯里及休谟等思想家的真知灼见，"雄鸡一唱天下白"，吹响了启蒙时代思想的号角。

主要参考文献

一、休谟著作

Hume, David, *The Philosophical Works of David Hume*, ed. T. H. Green and T. H. Grose, 4 vols. London: Longman, Green, 1874-75.

Hume, David, *The History of England: From the Invasion of Julius Caesar to the Revolution*, in 1688, 6 vols. Indianapolis: Liberty Classics, 1983.

Hume, David, *Essays, Moral, Political, and Literary*, Indianapolis: Liberty Classics, 1985.

休谟:《道德原则研究》,曾晓平译,北京:商务印书馆,2001年。

休谟:《人性论》,关文运译,北京:商务印书馆,1980年。

休谟:《人类理解研究》,关文运译,北京:商务印书馆,1997年。

休谟:《自然宗教对话录》,陈修斋译,北京:商务印书馆,2002年。

休谟:《休谟政治论文选》,张若衡译,北京:商务印书馆,2000年。

休谟:《人性的高贵和卑劣——休谟散文集》,杨适译,上海:上海三联书店,1990年。

休谟:《论道德原理 论人类理智》,周晓亮译,南京:译林出版社,2010年。

二、英文相关文献及研究论著

Berkeley, George, Alciphron, or the Minute Philosopher, *The Works of George Berkeley*, vol.3, ed. T.S. Jessop, London: Thomas Nelson and Sons, 1994.

Baillie, James, *Hume on Morality*, London: Routledge, 1999.

Beardsley, M.C., *Aesthetics: From Classical Greece to the Present*, New York: The Macmillan Co., 1975.

Budd, Malcolm, *Values of Art*, London: Allen Lane, 1995.

Cohen, Ted, "The Philosophy of Taste: Thoughts on the Idea," in Peter Kivy (ed.) *Blackwell Guide to Aesthetics*, Oxford: Blackwell, 2004, pp. 167-73.

David A. Whewell, "Taste," in Steven Davies (ed.) *Blackwell Companion to Aesthetics*, Oxford: Blackwell, 1992, pp. 415-18.

Hutcheson, Francis, *An Inquiry into the Original of Our Ideas of Beauty and Virtue*, London: J. Danby, 1925.

Gill, Michael, *The British Moralists on Human Nature and the Birth of Secular Ethics*, Cambridge: Cambridge University Press, 2006.

Guyer, Paul, *Values of Beauty*, Cambridge: Cambridge University Press, 2005.

Jones, Peter, "Hume's Literary and Aesthetic Theory," in David Fate Norton (ed.) *The Cambridge Companion to Hume*, Cambridge: Cambridge University Press, 2005, pp. 255-80.

Kivy, Peter, *The Blackwell Guide to Aesthetic*, Oxford: Blackwell

Publishers, 2004.

Levinson, Jerrold, "Hume's Standard of Taste: The Real Problem," *Journal of Aesthetics and Art Criticism* 16, 4 (2002): 227-38.

Mothersill, Mary, *Beauty Restored*, Oxford: Clarendon Press, 1984, pp. 177-208.

Moran, Richard, "The Expression of Feeling in Imagination," *Philosophical Review* 45, 6 (1994): 75-106.

Nisbet, H. B. & Rawson, C. (ed.s), *The Cambridge History of Literature Criticism*, Cambridge: Cambridge University Press, 1997.

Noonan, Harold, *Hume on Knowledge*, London: Routledge, 1999.

Shaftesbury III, Anthony Ashley Cooper, *The Shaftesbury Collection*, ed. John M. Robertson, 4vols, London: Thoemmes Press, 1997.

Shelley, James, "Hume's Double Standard of Taste," *Journal of Aesthetics and Art Criticism* 23, 4 (1994): 437-45.

Shusterman, Richard, "Of the Scandal of Taste: Social Privilege as Nature in the Aesthetic Theories of Hume and Kant," *Philosophical Forum* 25, 3 (1989): 211-29.

Townsend, Dabney, *An Introduction to Aesthetics*, Oxford: Blackwell Publishers, 1997.

Townsend, Dabney, *Taste: Early History, Encyclopedia of Aesthetics*, Oxford: Oxford University Press, 1998.

Townsend, Dabney, *Hume's Aesthetic Theory*, New York: Routledge, 2001.

Williams, Christopher, "Some Questions in Hume's Aesthetics," *Philosophy Compass* 45, 2 (2007): 78-90.

Wiggins, David, *Needs, Values, and Truth*, Oxford: Clarendon

Press, 1998.

Walton, Kendall, *Proceedings of the Aristotelian Society*, 1994.

Zangwill, Nick, *The Metaphysics of Beauty*. NY: Cornell University Press, 2001.

三、中文相关文献及研究论著

A.J. 艾耶尔:《休谟》,郑莹译,北京:中国社会科学出版社,1992年。

安东尼·肯尼:《牛津西方哲学史》,王柯平等译,长春:吉林出版集团,2010年。

阿多诺:《美学理论》,王柯平译,成都:四川人民出版社,1998年。

奥夫相尼科夫:《美学思想史》,吴安迪译,西安:陕西人民出版社,1986年。

鲍桑葵:《美学史》,张今译,北京:商务印书馆,1985年。

鲍姆嘉登:《美学》,简明、王旭晓译,北京:文化艺术出版社,1987年。

伯克:《崇高与美——伯克美学论文选》,李善庆译,上海:上海三联书店,1990年。

北京大学哲学系美学教研室编:《西方美学家论美和美感》,北京:商务印书馆,1980年。

比厄斯利:《西方美学简史》,高建平译,北京:北京大学出版社,2006年。

巴里·斯特德:《休谟》,刘建荣、周晓亮译,济南:山东人民出版社,1992年。

高全喜:《休谟的政治哲学》,北京:北京大学出版社,2004年。

丹纳:《艺术哲学》,傅雷译,合肥:安徽文艺出版社,1991年。

杜威:《艺术即经验》,高建平译,北京:商务印书馆,2010年。

霍布斯:《利维坦》,黎思复译,北京:商务印书馆,1985年。

黑格尔:《美学》,朱光潜译,北京:商务印书馆,1996年。

蒋孔阳主编:《19世纪西方美学名著选》(英法美卷),上海:复旦大学出版社,1990年。

卡尔·贝克尔:《启蒙时代哲学家的天城》,何兆武译,南京:江苏教育出版社,2005年。

克罗齐:《作为表现的科学和一般语言学的美学的历史》,王天清译,北京:中国社会科学出版社,1984年。

卡西尔:《启蒙哲学》,顾伟铭等译,济南:山东人民出版社,1997年。

卡罗琳·考斯梅尔:《味觉》,吴琼等译,北京:中国友谊出版公司,1997年。

凯·吉尔伯特、赫·库恩:《美学史》,夏乾丰译,上海:上海译文出版社,1989年。

康德:《判断力批判》,宗白华译,北京:商务印书馆,1983年。

康德:《实用人类学》,邓晓芒译,重庆:重庆出版社,1987年。

拉德克利夫:《休谟》,胡自信译,北京:中华书局,2002年。

雷纳·韦勒克:《近代文学批评史》第一卷,杨自伍译,上海:上海译文出版社,1987年。

李斯托威尔:《近代美学史评述》,蒋孔阳译,上海:上海译文出版社,1980年。

李泽厚:《论语今读》,北京:三联书店,2008年。

洛克:《人类理解论》,关文运译,北京:商务印书馆,1997年。

马奇主编:《西方美学史资料选编》,上海:上海人民出版社,1987年。

缪灵珠:《缪灵珠美学译文集》,北京:中国人民大学出版社,

1987年。

《美学译文》第二、三辑,北京:中国社会科学出版社,1980年。

佩特:《文艺复兴》,张岩冰译,桂林:广西师范大学出版社,2000年。

乔治·桑塔亚那:《美感》,缪灵珠译,北京:中国社会科学出版社,1982年。

汝信主编:《西方美学史》第二、三卷,北京:中国社会科学出版社,2006年,2008年。

索利:《英国哲学史》,段德智译,济南:山东人民出版社,1992年。

苏珊·伍德福特等:《剑桥艺术史》,钱乘旦译,南京:译林出版社,2000年。

塔达科维奇:《西方美学概念史》,褚朔维译,北京:学苑出版社,1990年。

王佐良等主编:《英国文学名篇选注》,北京:商务印书馆,1983年。

文德尔班:《哲学史教程》,罗达仁译,北京:商务印书馆,1999年。

沃林格:《抽象与移情》,王才勇译,沈阳:辽宁人民出版社,1987年。

伍蠡甫、胡经之主编:《西方文艺理论名著选编》,北京:北京大学出版社,1985年。

亚里士多德:《尼各马科伦理学》,苗力田译,北京:中国社会科学出版社,1999年。

尤卡·格罗瑙:《趣味社会学》,向建华译,南京:南京大学出版社,2002年。

伊格尔顿:《美学意识形态》,王杰等译,桂林:广西师范大学出版社,1997年。

阎国忠主编:《西方著名美学家评传》(中),合肥:安徽教育出版社,1991年。

朱光潜:《西方美学史》,北京:人民文学出版社,2000年。

周晓亮:《休谟哲学研究》,北京:人民出版社,1999年。

周辅成编:《西方伦理学名著选辑》,北京:商务印书馆,1996年。

周辅成:《周辅成文集》一、二卷,北京:北京大学出版社,2011年。

后　记

在王柯平老师的勉励与督促之下，笔者终于将书稿修改完成，当此之时，眼前又复现出六载京华学的荏苒时光，不由得感慨良多。若非许多师长、先进的美意与期勉，这实在是无以柳暗花明的远梦，因此笔者不能不在后记中冒昧说几句话，以此向各位师长略致敬意。

首先要感谢的，是我的父母，培养一个资质毫不卓颖的孩子接受高等教育，实在是一段漫长而艰苦的历程，若非长期以来富足无虑的经济生活，笔者也无法心无旁骛地攻读博士学位，并在毕业之后继续自己的志愿，从事学术研究工作。二十余年的深恩，片语难尽，只希望此一阶段的成果，能够略表心中厚重的感念。

其次，笔者要郑重感谢恩师王柯平教授。忆昔初入京华求学，多所茫惑。第一堂课，即王老师之柏拉图诗学研究，自此开笔者狭隘之眼界，初晓学术研究为何物，及今亦六年矣，王老师关怀弟子之忱，种种不言之教，而心切提携之恩，笔者不敢或忘于片刻。

禅宗有云，"见与师齐，减师半德"。就此一标准而言，笔者实在深愧于内。因为自硕士时代起，六年多的追随，不但见不足以论齐，连半德亦谬之远矣。若非耳濡目染了老师贯穿文史的厚实功力与综观典籍的独到眼光，莫说完成论文，恐怕连入手的胆量亦无。尤其多年来，老师视笔者如自家子弟的温煦与耐心，更鼓励了笔者求学之心志。但期在未来时日，能够将后续的研究目标一一实现，或能稍慰老师之宽厚期许。

此书虽由笔者成之，事实上是许多师长以及同学长期协助的成果，中国社科院美学室以及北京第二外国语学院跨文化研究所的各位老师，都曾不辞辛劳，巨细匪遗地为笔者提供研究的建议与心得。此外，黄伟、王正诸兄，更是博士期间扶持攻错的良伴。这些也许都无法从行文中看出，他们的智慧却充盈在笔者自知的一些章节之中。

本书作为对休谟哲学和美学的一种阐释，只是笔者的一管之见，文中的诸多问题与不足，恳请各位专家不吝批评指正。

2016年2月于深圳大学